高校思想政治教育热点与多元探讨

王 薇◎著

北京工业大学出版社

图书在版编目（CIP）数据

高校思想政治教育热点与多元探讨 / 王薇著． — 北京 ：北京工业大学出版社，2021.5
ISBN 978-7-5639-7998-1

Ⅰ．①高… Ⅱ．①王… Ⅲ．①高等学校－思想政治教育－研究－中国 Ⅳ．① G641

中国版本图书馆 CIP 数据核字（2021）第 111783 号

高校思想政治教育热点与多元探讨
GAOXIAO SIXIANG ZHENGZHI JIAOYU REDIAN YU DUOYUAN TANTAO

著　　者：	王　薇
责任编辑：	任军锋
封面设计：	知更壹点
出版发行：	北京工业大学出版社
	（北京市朝阳区平乐园 100 号　邮编：100124）
	010-67391722（传真）　　bgdcbs@sina.com
经销单位：	全国各地新华书店
承印单位：	三河市腾飞印务有限公司
开　　本：	710 毫米 ×1000 毫米　1/16
印　　张：	11.5
字　　数：	230 千字
版　　次：	2023 年 4 月第 1 版
印　　次：	2023 年 4 月第 1 次印刷
标准书号：	ISBN 978-7-5639-7998-1
定　　价：	58.00 元

版权所有　翻印必究

（如发现印装质量问题，请寄本社发行部调换 010-67391106）

前　　言

新时期，随着社会经济发展所引发的价值变革，以及各种外界因素的影响，大学生的思想理念以及人生价值观发生了一定程度的变化。思想政治教育课程作为高校德育工作的重要组成部分，是提高大学生思想道德素质和基本素质的重要内容。在多元文化背景下，如何针对当前大学生理想信念教育出现的新问题、新情况，抓住主要问题，找准问题的根源，从更深层次探讨大学生理想信念教育有效性的途径，是一个值得不断研究和总结的课题。

全书共七章。第一章为绪论，主要阐述了高校思想政治教育的内涵界定、高校思想政治教育的学科体系、高校思想政治教育的主要旋律以及高校思想政治教育的重要意义；第二章为高校思想政治教育的历史与发展，主要阐述了高校思想政治教育的历史沿革和高校思想政治教育的发展现状；第三章为高校思想政治教育中的热点内容，主要阐述了大学生生命教育、大学生诚信教育、大学生就业教育、大学生廉洁教育以及大学生婚恋教育；第四章为信息化与高校思想政治教育探讨，主要阐述了信息与教育信息化、高校思想政治教育信息化以及高校思想政治教育信息化实施策略；第五章为理论创新与高校思想政治教育探讨，主要阐述了高校思想政治理论课的内容构成和高校思想政治教育理论的创新；第六章为文化培育与高校思想政治教育探讨，主要阐述了高校思想政治教育的文化底蕴、高校思想政治教育校园文化的构建探索以及高校思想政治教育中传统文化的融入路径；第七章为高校思想政治教育队伍的建设问题，主要阐述了高校思想政治教育队伍的构成、高校思想政治教育队伍建设的现状以及高校思想政治教育队伍建设的实施。

为了确保研究内容的丰富性和多样性，在写作过程中参考了大量理论与研究文献，在此向涉及的专家学者们表示衷心的感谢。

由于作者水平有限，本书难免存在一些不足，恳请同行专家和读者朋友批评指正！

目　　录

第一章　绪　　论 ·· 1
　　第一节　高校思想政治教育概述 ··· 1
　　第二节　高校思想政治教育的学科体系 ·· 9
　　第三节　高校思想政治教育的主要旋律 ······································ 13
　　第四节　高校思想政治教育的重要意义 ······································ 15

第二章　高校思想政治教育的历史与发展 ··· 18
　　第一节　高校思想政治教育的历史沿革 ······································ 18
　　第二节　高校思想政治教育的发展现状 ······································ 25

第三章　高校思想政治教育中的热点内容 ··· 37
　　第一节　大学生生命教育 ·· 37
　　第二节　大学生诚信教育 ·· 51
　　第三节　大学生就业教育 ·· 72
　　第四节　大学生廉洁教育 ·· 86
　　第五节　大学生婚恋教育 ·· 101

第四章　信息化与高校思想政治教育 ·· 115
　　第一节　信息与教育信息化 ·· 115
　　第二节　高校思想政治教育信息化 ·· 120
　　第三节　高校思想政治教育信息化实施策略 ································ 125

第五章　理论创新与高校思想政治教育 ··· 131
　　第一节　高校思想政治理论课的内容构成 ··································· 131
　　第二节　高校思想政治教育理论的创新 ······································ 135

1

第六章 文化培育与高校思想政治教育 ········ 138
第一节 高校思想政治教育的文化底蕴 ········ 138
第二节 高校思想政治教育校园文化的构建探索 ········ 147
第三节 高校思想政治教育中传统文化的融入路径 ········ 152

第七章 高校思想政治教育队伍的建设问题 ········ 162
第一节 高校思想政治教育队伍的构成 ········ 162
第二节 高校思想政治教育队伍建设的现状 ········ 165
第三节 高校思想政治教育队伍建设的实施 ········ 170

参考文献 ········ 177

第一章 绪 论

思想政治教育作为人类社会政治生活实践的一个重要方面，伴随着阶级的形成和国家的产生而出现，存在于人类社会发展的不同阶段和不同的国家，是人类社会实践需要的产物。本章主要内容包括：高校思想政治教育概述、高校思想政治教育的学科体系、高校思想政治教育的主要旋律以及高校思想政治教育的重要意义。

第一节 高校思想政治教育概述

一、思想政治教育概念的起源

从最早期马克思主义创始人的革命实践中，我们可以寻找到思想政治教育最初的"描述性"定义。这一时期的定义仅仅存在于马克思主义者宣传革命的实践中，缺乏系统性的总结和理论性高度。共产主义创始人马克思、恩格斯将自身对于思想政治的认识注入共产主义实践的宣传中。

早在1847年马克思、恩格斯创立第一个国际性的无产阶级政党——共产主义者同盟时，就在他们起草的《共产主义者同盟章程》中明确提出，参加同盟的每个成员都要"具有革命毅力并努力进行宣传工作"。

马克思主义者对宣传工作、理论教育的重视，实际上就是对思想政治教育的重视，只是那时还没有明确使用"思想政治教育"这一概念而已。列宁继承和发展了这一革命成果，更加明确地提出政治教育的概念：在《怎么办？》中，列宁就明确要求："社会民主党人不但不能局限于经济斗争，而且不能容许把组织经济方面的揭露当作他们的主要活动。我们应当积极地对工人阶级进行政治教育，发展工人阶级的政治意识。"

当马克思主义与中国革命实际相结合后，中国的马克思主义者不失时宜地进行思想政治教育内涵研究。在中国共产党队伍中，毛泽东在《和英国记者贝特兰的谈话》中指出"政治工作"是共产党领导的；陈云在延安时期最早使用"思想政治工作"这一概念。在中国共产党人早期有关"思想政治教育"的论述中，很难在文字上找到一致性，但是其中蕴含着些许本质上的共性。他们有关政治教育、思想教育、道德教育等方面的主张和要求在本质上反映了中国共产党一贯的主张和做法：在革命斗争中不失时机地进行党员和群众的思想政治建设。因此，虽然他们对于思想政治教育的说法不同，但是其提出、使用和发展都为后来的思想政治教育概念的提出奠定了基础。

二、思想政治教育概念的提出

1949年中华人民共和国成立后，随着我国政治建设和文化建设的要求，也为了鼓励学生能够积极地参与到社会主义建设中去，中国共产党充分发挥思想政治工作的优势，通过对学生的思想进行改造，积极地进行思想政治教育工作。第一次明确思想政治教育的内涵、任务和要求的会议是1950年在北京召开的中华全国学生联合会第十四届第二次执行委员会扩大会议，会议通过了一项决议——《中国学生当前任务的决议》。这是在中国第一次提出了"思想政治教育"的概念。1978年，中共十一届三中全会召开，确立了改革开放的伟大决策。从这一时期开始，我国有关思想政治教育概念的使用走向科学化。在中共十一届三中全会之前，有关思想政治教育的概念没有严格的界定，多是来自实际工作的需要和现实政策的变化。中共十一届三中全会之后，紧跟改革开放的步伐，也随着学校的进一步发展，加之学科化建设意识的形成，思想政治教育的概念才真正得以进一步明确和规范。

改革开放后，第一次将思想政治教育作为学科提出的是1980年第一机械工业部和全国机械工会在北京召开思想政治工作座谈会上，这次会议第一次提出"思想政治工作应成为一门科学"的重要论断。1983年教育部专门召开政工专业论证会，最后确定学科名称为"思想政治教育学"，专业名称为"思想政治教育专业"，并决定从1984年开始招生。至此，思想政治教育学科正式设立，中国思想政治教育概念得以确立，并为以后的发展奠定了理论基础。

随着思想政治教育学科的设立，思想政治教育真正地实现了从"无名有实"到"有名有实"。"思想政治教育"这一概念也成为规范的术语，思想政治教育逐步走上科学化、规范化、系统化的发展轨道。自新中国成立至今，思想政治教育在说法上经历了"宣传工作""政治工作""思想工作""政治思想工作""思想政治工作"等的发展和转变，虽然这些说法在概念、内容、作用方式、功能导向上有所区别，但是其政治属性是一以贯之的。"思想政治教育"这一概念的建立，日渐成为规范、统一的术语，使得思想政治教育研究者开始从不同方面对思想政治教育的概念做出定义和分析，思想政治教育的概念也日益明晰起来。

三、高校思想政治教育的内涵

在《现代汉语词典》（第7版）中，所谓内涵是指"一个概念所反映的事物的本质属性的总和，也就是概念的内容"。按照内涵的这一定义，高校思想政治教育的内涵就应当是高校思想政治教育这一概念所反映的事物的本质属性的总和。

在实践中，高校思想政治教育主要是高校思想政治工作者利用一定的思想观念、政治观点、道德规范，对大学生施加有目的、有计划、有组织的影响，使他们形成符合中国特色社会主义所需要的思想品德的教育实践活动。因此，高校思想政治教育的基本内涵是指最能反映这一教育实践活动本质属性的主要内容。

在哲学中，所谓事物的本质属性，是指事物固有的，决定事物性质、面貌和发展的根本属性。由此出发，高校思想政治教育的本质属性也应当是高校思想政治教育固有的，决定其性质、面貌和发展的质的规定性。

因此，这种本质属性应包括两个方面：第一，本质属性应贯穿高校思想政治教育活动的始终，是高校思想政治教育活动中最普遍最一般的固有属性，且规定和影响其他派生属性（非本质属性）。第二，本质属性应该是高校思想政治教育变化发展的根据。根据这两个方面，高校思想政治教育的本质属性应为政治性与科学性的有机统一。政治性是高校思想政治教育的阶级属性。如果没有表示阶级意志的政治性，不能维护统治阶级的有效统治，那么高校思想政治教育就不可能存在，更不可能发展，因此政治性是贯穿高校思想政治教育始终的一个特有属性。科学性是高校思想政治教育的客观实践属性。如果不反映客观事物的本质和历史发展的趋势，不能最终促进社会生产力的发展，不代表广大人民群众的根本利益，高校思想政治教育就不能得到发展，当然也不能长久地存在，因此科学性是高校思想政治教育本身得以发展的内在规定性。

综上所述，要完整准确地认识高校思想政治教育的本质，就必须坚持高校思想政治教育政治性与科学性在理论与实践上的有机统一。在这一问题上，目前存在两种不良倾向：一种倾向是强调高校思想政治教育的政治性，而偏离高校思想政治教育的科学性，从而使高校思想政治教育变得空洞与说教，表现为泛政治化，就形势而追踪形势，就热点而炒作热点，缺乏系统的科学理论支撑。这种倾向在一定程度上使高校思想政治教育的效果一击就垮。另一种倾向是强调高校思想政治教育的科学性，从而使高校思想政治教育变得盲目。例如，在实践中，一些高校的"法律基础"课被称为"法学概论"课。

高校思想政治教育丧失政治性，就意味着主动放弃意识形态领域的主导权，后果将不堪设想。因此，深化对高校思想政治教育本质属性的认识，是当前提高高校思想政治教育有效性、加强高校思想政治教育学科建设的首要任务。

四、高校思想政治教育的要素分析

不同时代、不同国度、处于不同发展阶段的思想政治教育各不相同。一般来说，思想政治教育是有特定范围和指向的，如阶级的思想政治教育、政党的思想政治教育、企业思想政治教育、学校思想政治教育、军队思想政治教育、特殊群体（如留守儿童、服刑人员、灾民、贫困生等）思想政治教育等。

（一）高校思想政治教育的方向和指导思想

高校思想政治教育的方向和指导思想，即坚持以马克思列宁主义、毛泽东思想、邓小平理论和"三个代表"重要思想、科学发展观、习近平新时代中国特色社会主义思想为指导，深入贯彻党的十九大精神，全面落实党的教育方针，紧密结合全面建设小康社会的实际，以理想信念教育为核心，以爱国主义教育为重点，以思想道德建设为基础，以大学生全面发展为目标，解放思想、实事求是、与时俱进，坚持以人为本，贴近实际、贴近生活、贴近学生，努力提高思想政治教育的针对性、实效性和吸引力、感染力，培养德智体美劳全面发展的社会主义合格建设者和可靠接班人。

（二）高校思想政治教育的构成要素

1. 高校思想政治教育的主体和客体

站在系统主体组成的角度，思想政治教育的体系建设也包括对教育者和受教育者的建设上。对思想政治教育对象的身心特点进行深入分析，注重加强思想政治教育对象的针对性，是思想政治教育者的重要工作。现阶段教育过程中，虽然已经在形式上转变了教育手段和教育主体，但是在传统意义上，教师担任教育主体，并进行教育活动，教育客体被动接受教育，这种教育主客体之间的关系较为死板，效率较低，实效性差。

思想政治教育的工作需要涉及思想政治教育中各方面的人员，既包括普通群众、学生，也包括共产党员、共青团员和领导干部等，这些成员之间既可以相互教育，又可以自我教育。教育者也要受教育，教育者必须受教育，教育者使命重大，必须全面提高自身的综合素质。

现阶段的教育过程中则更加注重教育主体与教育客体之间的角色演变，他们之间可以相互转化、相互作用。教育主体可以是教师、辅导员，也可以是领导干部、管理者和大学生本身，他们之间进行相互教育和自我教育。思想政治教育过程是教育者与被教育者共同完成的活动过程。教育者要遵循和研究思想政治教育的内在规律，结合新时代的新要求，不仅要言传，还要身教，有目的、有组织、有针对性地进行思想政治教育。

（1）教师和辅导员

高校是大学生思想政治教育的主阵地，教师是大学生思想政治教育的主体责任人。习近平总书记强调，教师是办好思想政治理论课的关键所在，要充分调动教师的积极性、主动性、创造性。思政课教师要在学生心中埋下真善美的种子，引导学生扣好人生第一颗扣子。

教师是思想政治教育的主要责任人，大学生在成长的道路上离不开教师的引导，需要教师解惑，并疏通学生思维。教师是思想政治教育的"源头活水"，这就要求教师首先要受教育，保持清醒的政治头脑，有政治信仰，善于从政治上看问题，做到"在马言马"，拓展理论视野和教学思维，创新教育教学方法，立足于国际视野，把理论知识讲明白、讲清楚，引导大学生学会正确的思维方式，树立崇高的理想信念。

除了理论课教师，辅导员也是高校思想政治教育的中坚力量，在生活中为大学生传播正能量，与专业课老师理论育人相结合，从学生的成长角度出发，引导学生把思想政治课程内容与专业知识相融合，与社会担当、职业规划相融合，联合其他各专业教师合力育人，立体化的推动思想政治教育的有效性。

（2）高校管理人员和各级领导

从思想政治教育建设中主体组成的角度来看，高校领导、管理人员、党员也发挥着至关重要的教育和引导作用。做好思想政治教育工作，"传道者自己首先要明道、信道。高校教师要坚持教育者先受教育，努力成为先进思想文化的传播者、党执政的坚定支持者，更好担起学生健康成长指导者和引路人的责任。"

高校管理者和各级领导的教育指导起到了关键作用。"从讲政治讲大局的高度出发，对于高校的思想政治教育要提升政治站位，要实行主要领导负责制的工作构建"，高校管理人员、领导要亲自部署思想政治教育工作规划环节，亲自部署工作的实施，亲自监督工作的开展情况。

思想政治教育的管理者主要是党的各级领导部门，习近平总书记特别强调，加强思想政治工作必须建立健全党委统一领导、党政相互配合、齐抓共管的思想政治教育工作领导体制。因此，加强党的领导，完善思想政治教育工作领导体制是思想政治教育体系建设的重要方面。思想政治教育作为一个系统的体系，坚持党的绝对领导是至关重要的关键环节，是这个体系的主帅。针对作为思想政治教育管理者的各级党政部门，要加强问责和督导。只有不断建立和健全党委的坚决领导，实现党政密切配合，形成思想政治教育齐抓共管的良好局面，才能在组织制度上和体制机制上提高思想政治教育其他要素主体的主动性、积极性和创造性。

（3）学生干部

高校大学生是一个特别的群体，而高校学生干部是大学生中较为优秀并拥有引领作用的一部分人群，具有"领头羊"的作用。高校大学生基数庞大，仅仅依靠教师来落实思想政治教育的内容是远远不够的，要充分利用学生干部的领导号召能力更深入地传播思想政治教育内容，才能令思想政治教育建设的工作更加系统，更为细化。高校的思想政治教育工作要保障好学生干部思想认知和工作态度，院校领导、党委、团委要在日常工作中对学生干部多加引导，为学生干部树立榜样，长远的规划思想政治教育的路线内容，保障学生干部在大学生中的引领作用。"学生干部要配合好院校思政工作，自觉带着思想政治教育的重任，充分发挥引领作用，实现学校—干部—学生的有机互动。"高校还要对学生干部进行德育素质培养，令学生干部把自身的优良品德潜移默化地带到学生中去，悄无声息地发挥思想政治教育的作用。

2.高校思想政治教育的环体

高校思想政治教育的环体是高校思想政治教育活动环境要素的总和。环体又可以理解为教育环境，张耀灿等人指出，教育环境由于其特有的全覆盖性和渗透性，既作用于教育者又作用于受教育者，且会制约着教育双方认知的提升。与此同时，环体又会接受教育主客体改造，教育主客体在其教育实践过程中对环体又有一定的反作用。一个好的环境会促进高校思想政治教育的发展，而一个坏的环境会抑制甚至阻碍其发展。高校思想政治教育的介体，即相关的教育内容和教育方法、设定的目标和思想政治教育的方法是依据环体来制定的，也就是我们所说的任何活动都要紧跟时代的要求，一定的环境决定一定的方法。高校思想政治教育协同机制作用的发挥需要各个环体要素共同发挥作用。

随着时代的发展，高校思想政治教育环体所包含的对象也在不断地丰富，在此将其分为校园环境、家庭环境和社会环境。鉴于互联网的飞速发展，目前高校学生受网络环境影响极大。

(1) 校园环境

一般认为，高校思想政治教育的校园环境是指能够影响高校学生的日常生活和学习以及社会价值观的一切校园内部因素的总和，主要包括校园文化环境、校园人际环境以及校园物质环境。

校园文化环境又可以称为校园软环境，校园软环境主要包括校风、文化活动、学风以及相关的制度，等等。校园文化环境通过潜移默化的方式对高校学生的思想和行为产生影响。因此，新时代背景下，我们需要对高校思想政治教育的文化环境的建设给予更多的关注和完善。

校园人际环境主要指校园各个主体之间的人际关系形成的环境氛围，这种人与人之间的关系主要包括教师和学生之间的关系、教师和教师之间的关系、学生和学生之间的关系等。良好的校园人际关系的形成需要一个完善的机制作为保障，只有在充分保障各方合理正当的利益得到满足、诉求得到尊重的情况下，才能形成一个良好的校园人际环境。

这里所说的校园物质环境主要是指高校的教学设施以及教学场所，包括教师和学生平时活动的各个区域内的一切基础设施。

良好的校园环境是上述3个方面相互协同、互相作用的结果，只有各方面共同发挥作用，才能促进高校思想政治教育的发展。高校思想政治教育的主体和校园环境之间的关系不是机械和被动的，他们之间存在作用与反作用的关系，构建一个可以激发高校思想政治教育主客体创造性的思想政治教育环境是高校思想政治教育协同机制的必然要求。

(2) 家庭环境

自古以来，我国就非常重视家庭环境对一个人教育的影响，习近平总书记更是多次公开强调了"家风"建设对于社会建设的重要性。一个良好的家庭教育环境是对校园环境的良好补充，可以增加思想政治教育的亲和性和完备性。

因此，我们要建立家庭内部和家庭与学校、社会之间的联合互动机制。长久以来，由于我国应试考试制度的贯彻实施，我国家长普遍存在重智轻德的子女教育观念，严重缺乏对子女思想政治教育的正确认知，将学校教育与子女的整个教育等同，特别是当学生到了高校阶段，这种现象就变得更加明显。高校学生普遍存在家庭教育和学校教育沟通不畅的问题，大大降低了高校思想政治教育的效率和效果。我国很多传统美德的发扬，小到家教，大到民族文化，都是需要家庭的协助才能在后辈身上得以体现和传承。父母是孩子的第一任老师，父母在日常生活中言语的表达和处理事情的方式以及对孩子成长的要求都会对孩子产生潜移默化的影响，并且这种影响是伴随一生的。

（3）社会环境

高校思想政治教育所面对的社会环境主要是指高校学生在其活动范围内所接触到的校园环境之外的物质、精神环境的总和。在此将高校思想政治教育的社会环境分为物质环境和精神环境两大类。马克思主义的基本原理告诉我们，经济基础决定上层建筑，存在决定意识，意识又反作用于存在，这是马克思主义的基本原理。因此，我国高校的思想政治教育活动，必须重视物质与精神之间的辩证统一，人力、物力等基础设施建设必须与精神建设同步进行。

现代社会的物质条件不仅为高校教育提供了物质条件，也为高校思想政治教育提供了新的研究课题。首先，科技的现代化、经济社会的发展以及物质生活的改善，给高校学生提供了更多更好的学习环境和学习场所，提高了学习效率。其次，我国社会主义市场经济所取得的成绩是不容置疑、有目共睹的，创造巨大财富的同时也产生了很多问题，在这个过程中也促使高校思想政治教育发生了很大的变化。因此，高校思想政治教育需要结合自身和时代的特点对新问题新变化做一定的研究，以指导其社会实践活动。

社会精神环境包括人们的观念、对政治问题的态度和见解、社会群体在特定阶段所呈现出来的精神风貌，等等。精神环境反映、反作用于物质环境。我国社会的精神环境，以马克思主义基本原理为基础，受党的领导、无产阶级指导思想和意识形态的影响。社会精神环境中所包含的良好的道德行为和道德风尚，给高校思想政治教育起了很好的示范作用，其中所包含的道德准则敦促人们在社会道德允许的范围内进行思考和行动。目前社会精神环境中网络舆论对高校学生影响较大，理性的舆论是我国社会精神的主流反映，也是高校思想政治教育正确价值观的指示器。

最新的统计数据显示，我国高校学生每天在网络上花费的时间平均超过8.5小时。网络正在以前所未有的速度和深度影响着当下高校学生的生活方式和学习方式，甚至是思维方式和价值观，且已然变成当下高校实施思想政治教育活动不可忽视的载体。美国未来学家阿尔温·托夫勒曾指出：未来拥有世界的人一定是掌握了信息以及控制了网络的人。

网络，无疑已经成为当下最具影响力的一种存在。社会舆论与思想政治教育有直接的关系，原因在于社会舆论汇集了广大群众的社会意见和态度，很容易对高校思想政治教育的主客体形成一定的思想压力，从而使他们的思想和行为发生改变。倘若人们长期接触理性、科学的社会舆论，便能自觉抵制错误负面的思想，从而带动与理性、科学的舆论不一致的人修正他们的思想，反省自身的同时修正自己错误的理念，不断让自己思考问题的方式变得全面和理性。如何针对网络的特点，研究高校思想政治网络教育的理论和方法，是如今高校思想政治教育需要解决的重大课题。以往以教师为中心的灌输式的教育方法显然已经不能满足当下高校学生的学习需求，同时也不能适应网络化的教学环境。

（三）高校思想政治教育的教学形式及教学主体

高校思想政治理论课是思想政治教育的主渠道，形势政策教育是思想政治教育的重要内容和途径，课堂是高校思想政治教育的主阵地。课堂教学和说服教育是高校思想政治教育的主要形式。高校各门课程都具有育人功能，所有教师都负有育人职责，要努力拓展大学生思想政治教育的有效途径。也就是说，高校思想政治教育不仅可以在课堂内实施，还可以在课堂以外的地方进行，以大学生社会实践活动和校外教育基地为依托，对"移动课堂"进行创设；不仅可以实施教师和学生面对面的教学，还可以实施网络教学和远程教育；不仅可以用汉语进行教学，还可以置换工作语言，在实施过程中穿插外语，实行"双语教学"；不仅思想政治教育专职人员和两课教师有责任和义务进行思想政治教育，还要有全员意识，即所有教师无论在课内还是在课外都要有思想政治教育的责任和义务。

（四）高校思想政治教育的主要任务和内容

主要任务包括：以理想信念教育为核心，树立正确的世界观、人生观和价值观教育；以爱国主义教育为重点，弘扬和培育民族精神教育；以基本道德规范为基础，深入进行公民道德教育；以大学生全面发展为目标，深入进行素质教育。主要内容包括：充分发挥课堂教学在高校思想政治教育中的主导作用，努力拓展新形势下高校思想政治教育的有效途径，以人为本，以生为本，深入开展社会实践，大力建设校园文化，主动占领网络思想政治教育新阵地，开展深入细致的思想政治工作和心理健康教育，解决大学生的实际问题。

第二节　高校思想政治教育的学科体系

一、高校思想政治教育学的基本范畴

高校思想政治教育学范畴在思想政治教育实践的基础上产生，反过来又对其实践起指导作用。范畴研究有利于揭示思想政治教育的本质和规律，有利于推进

高校思想政治教育学科研究的不断深化。

高校思想政治教育学范畴研究是高校思想政治教育学研究的重要领域。由于各自的观点不同、研究的角度不同，学者们提出的范畴也各不相同，意见分歧较大。有学者对其做了较为系统的梳理，认为高校思想政治教育学范畴是一个由起点范畴、中心范畴、中介范畴、结果范畴和终点范畴所构成的范畴体系。高校思想政治教育学范畴可分为两大层次，即基本范畴和一般范畴。基本范畴是范畴中最本质、最稳定、最普遍的部分，它们应该是思想政治教育规律的具体反映，数量不宜太多；一般范畴的范围则可以宽泛一些。以下对高校思想政治教育学的若干基本范畴做一简要探讨，以期深化对高校思想政治教育学范畴的讨论和认识。

（一）个人与社会

个人与社会是揭示人的本质和思想政治教育本质的重要范畴。马克思主义认为，个人是历史的具有社会性的个体，社会则是以共同的物质生产活动为基础而相互联系和运动发展的人类生活共同体。马克思指出，个人是一个特殊的个体，并且正是他的特殊性使他成为一个个体，成为一个现实的、单个的社会存在物。然而，人的本质不是单个人所固有的抽象物，在其现实性上，它是一切社会关系的总和。现实的人总是生活在一定的社会关系之中，每个人都不能离开社会而生存，人的生存和发展受到社会的制约。社会也总是人的社会，由无数个体所组成，离开了人，社会也就不复存在了，人在受到社会制约的同时也会作用于社会。个人与社会的这种紧密联系、相互依存的关系启示我们，在研究人的思想和行为时，不仅要看到个人和个人行为，而且要看到个人及其行为的背景，即一定的社会结构和社会关系。在进行思想政治教育时，不仅要注意教育的影响作用，而且还要注意包括社会结构和社会关系在内的多种因素所造成的社会环境的影响和制约。同样，研究社会生活和社会关系也不能忽视人和人的活动，因为社会生活和社会关系都是由人的活动所创造并改变着的。要建设社会主义和谐社会，形成良好的社会关系，就必须重视个人的社会化。由此可见，个人与社会这一对范畴规定着思想政治教育的任务。

（二）思想与行为

人的总体面貌往往表现为思想与行为两个方面。思想与行为就是揭示人的思想活动和行为表现相互关系的范畴。高校思想政治教育学所研究的思想，是指制约人的行为的各种精神因素的总和，包括人的理性认识（这是主要的）和部分感性认识；行为则是在思想支配下所产生的言论、活动等外在表现。人的思想和行为紧密相连，相互作用。思想是行为的先导，支配和改变行为；除条件反射行为外，人的行为都受到思想不同程度的制约。行为表现思想，并通过其效果对思想产生反馈作用。人的思想和行为在很多时候是一致或基本一致的，因而可以通过人的思想预知其行为，也可以通过人的行为分析其思想。然而在现实生活中，在许多人身上，思想和行为的不一致是经常发生的，表现为知行脱节，表里不一。引导人们形成正确的思想，并帮助人们解决思想和行为脱节的矛盾，使人们在社会实践的过程中按照社会要求实现思想和行为的统一，正是思想政治教育的重要任务。由于高校思想政治教育学要研究如何使人们形成符合社会要求的思想，如何使人们正确的思想转化为相应的行为，因此，对思想与行为范畴的科学把握，有助于揭示人的思想品德形成发展的规律以及思想政治教育的规律。

（三）内化与外化

内化与外化是揭示人的思想行为变化发展过程及其规律的重要范畴。内化是指在思想政治教育过程中，受教育者在教育者的帮助下将社会发展所要求的思想观念、价值观点、道德规范纳入自己的态度体系，使之成为自己品德意识有机组成部分的过程。外化则是指受教育者在教育者的引导下将已经形成的品德意识转化为行为表现和行为习惯的过程。思想政治教育是否有效，最重要的是看思想政治教育所传导的思想、观念、规范能否为教育对象所真正接受，即内化为他们的思想和态度，并通过相应的行为表现出来。因此，内化与外化就成为思想政治教育至关重要的范畴。在思想政治教育过程中，内化与外化既紧密联系又有所不同。内化是教育者促使受教育者变"社会要我这样做"为"我要这样做"，外化则是教育者引导受教育者变"我要这样做"为"我正在（已经）这样做"。内化是外化的基础和前提，外化是内化的外显和表现，它们分别表现人的思想品德形成发展过程的不同阶段，也在某种意义上表现思想政治教育过程的不同阶段。

当然，我们不能仅仅将内化与外化看作前后相继的两个阶段。因为内化中有外化，即在内化过程中会有相应的行为表现；外化中也有内化，即行为表现又会强化内化。两者实际上是思想政治教育过程和人的思想品德形成发展过程中侧重点各有不同的联系密切的两种活动，它们共同推动受教育者的思想不断向社会要求的方向发展。

二、高校思想政治教育学的理论体系

高校思想政治教育学的理论体系是由本学科特有的概念、范畴、术语以及由它们组织起来的基本理论和研究方法所构成的知识体系。关于高校思想政治教育学的理论体系，存在一些不同的意见。综合来看，高校思想政治教育学的理论体系主要由以下三大部分组成。

（一）高校思想政治教育学基本理论

它表现为高校思想政治教育学特有的一系列基本概念和基本原理，包括高校思想政治教育学理论基础，即马克思主义思想政治教育理论；高校思想政治教育学研究对象和基本范畴；思想政治教育的地位和功能；人的思想品德形成发展规律；思想政治教育过程及其规律；思想政治教育者与教育对象；思想政治教育的目的、任务、内容及原则；思想政治教育与环境的相互作用等。

（二）思想政治教育史

它是关于思想政治教育起源与发展历史的理论。思想政治教育是人类历史发展的产物，随着社会的发展变化而不断发展。了解思想政治教育的历程，总结并借鉴其历史经验，对于开展思想政治教育的理论研究和实际工作都有重要意义。有关思想政治教育史的理论知识是思想政治教育理论体系不可或缺的组成部分。这一部分内容包括马克思主义诞生前（包括奴隶社会、封建社会、早期资本主义社会）的思想政治教育史、近现代资本主义的思想政治教育史、无产阶级的思想政治教育史等。在这笔丰富的历史遗产中，无产阶级思想政治教育史尤其是中国共产党思想政治教育史的历史经验和优良传统，应该是研究的重点。在社会主义现代化建设进程中，尤其应注意总结党的思想政治教育丰富的历史经验，发扬其优良传统，以更好地培育"四有"新人。

（三）高校思想政治教育学的分支学科

在关于高校思想政治教育学理论体系的讨论中，许多人认为思想政治教育的方法理论和管理理论都是高校思想政治教育学理论体系的组成部分。随着高校思想政治教育学理论研究的深入，其分支学科逐渐增多，如果每一分支学科都被看作高校思想政治教育学理论体系独立的组成部分，那这一理论体系就处于极不稳定的状态，也缺乏弹性。

因此，高校思想政治教育学理论体系的第三个部分可概括成"高校思想政治教育学的分支学科"，包括思想政治教育方法论、思想政治教育管理学、思想政治教育心理学等。高校思想政治教育学分支学科是运用高校思想政治教育学基本理论研究思想政治教育某一领域、某一方面所形成的学说，既与基本理论密切联系，又有其自身的相对独立性。无论是高校思想政治教育学科建设，还是思想政治教育实践，分支学科都有着十分重要的意义，值得深入研究。

由于高校思想政治教育学创立的时间不长，对上述内容的研究有些还不算充分，需要继续努力对高校思想政治教育学学科体系的方方面面进行深入研究，进而建立完善的具有中国特色的高校思想政治教育学理论体系。

第三节　高校思想政治教育的主要旋律

一、主导性与多样性

马克思主义哲学认为，事物发展过程中的基本矛盾是事物发展过程的推动力量，所以基本矛盾与矛盾的转化就决定着事物发展的基本旋律。高校思想政治教育内容构建环节的发展旋律，是由思想政治教育意识形态主导性与意识形态多样性这一基本矛盾所决定，所以在高校思想政治教育内容构建环节呈现出主导性与多样性辩证统一的旋律。

高校思想政治教育内容构建的基本矛盾是主导性与多样性的冲突。高校思想政治教育的内容具有政治性日益凸显、内容多样性增强、隐蔽性加深的基本特征，而高校思想政治教育的核心目的就是使社会主义核心价值观为主体的意识形态成为主流意识形态，在思想政治教育领域占据主导地位，于是在高校思想政治教育实践过程中就呈现出主导性与多样性的矛盾冲突。这个基本矛盾的另一方面，即高校思想政治教育内容的主导性与多样性也具有相互依存、相互转化的关系。意识形态的多样性是人类阶级社会无法避免的一种现象，有多少个阶级，就会产生多少种阶级利益，从而形成多少种意识形态。而意识形态的多样性正是意识形态主导性存在的前提与条件，具有主导性的意识形态一定是占有统治地位的阶级所具有。正如代表着最广大人民群众根本利益的中国共产党，其针对大学生的思想政治教育内容的设计，正是这种主导性的体现。意识形态的多样性并存并不可怕，坚持高校思想政治教育意识形态的主导性才是关键。

因此，高校思想政治教育内容构建的旋律就是主导性与多样性的辩证统一。在高校思想政治教育内容构建方面，坚持马克思主义、社会主义核心价值观为主体的主导性原则，时刻警惕以欧美为主的虚假"普世价值观"等敌对意识形态的入侵及渗透；同时提倡多样性，兼收并蓄且合理运用古今中外一切符合马克思主义的人类先进文明思想，切实把握高校思想政治教育内容构建上主导性与多样性的辩证统一旋律，以提高高校思想政治教育内容构建环节的实效性。

二、互动与隐性

（一）高校思想政治教育传导环节的互动旋律

高校思想政治教育传导环节的互动旋律，揭示了高校思想政治教育传导环境、教育传导主体、客体与思想政治教育实效性之间的一种内在的本质关系，同时强调高校思想政治教育传导实效性的实现。教育者必须尊重教育对象的主体性，适应新媒体环境所导致的思想政治教育的竞争性、渗透性与互动性等基本特征。如此，思想政治教育传导实效性才能够得以实现。

大学生认知特点与价值需求等主体性的增强，要求教育者在进行思想政治教育传导活动时，必须重视及尊重教育对象的主体性地位，改变传统教育仅将大学生视为教育客体的单向灌输模式。重视及尊重新媒体环境下大学生日益增强的主体性，一方面，要求教育者需要设计案例分析、互动讨论等多类型的课堂教学模式，通过师生互动、生生互动，激发大学生的自我学习主体性，提高大学生对思想政治理论课的兴趣。另一方面，要求教育者在网络思想政治教育场域里，与大学生就其关心的话题进行平等的讨论互动，营造良好的理性交往氛围，从而在了解大学生思想动态的基础上，对大学生进行世界观、人生观与价值观塑造的引导，提高思想政治教育传导实效性。

高校思想政治教育传导环节的竞争性与互动性基本特征，要求教育者必须遵循思想政治教育传导的互动旋律，才能够在竞争激烈的网络思想政治教育场域里获取话语权，发挥思想政治教育的舆论引导功能。一方面，高校思想政治教育传导环节的竞争性与互动性，要求教育者需要采取合适的互动策略与目标受众保持经常性的、平等的互动讨论，获得大学生的认同，在大学生群体中逐步积累影响力，建立网络话语权。另一方面，高校思想政治教育传导环节的竞争性与互动性，要求教育者还必须与目标受众以外的对象不断互动，尤其是与敌对意识形态的传导者之间的直接交锋，更是要求教育者随时保持政治敏锐性，敢于积极参与不同观点、不同意识形态的争论。唯有如此，教育者才能够在这种竞争中脱颖而出，在更大的范围内增强自身的网络话语权，从而更好地发挥舆论引导的功能，使得以社会主义核心价值观为核心的主导意识形态逐步成为大学生乃至全社会的主流意识形态，实现思想政治教育的目标。

（二）高校思想政治教育传导环节的隐性旋律

高校思想政治教育传导环节的隐性旋律，是高校思想政治教育传导方法的隐性化程度。一方面，传导方法的隐性旋律反映的是高校思想政治教育的内容隐蔽性及传导渗透性特征之间内在的逻辑联系。高校思想政治教育内容在网络上进行扩散传导，绝大多数都是以隐含意识形态的多样化文化产品形式出现，不仅具有易于网络传播扩散的特点，而且趣味性大、吸引力强，因而非常符合大学生群体的认知特点及消费喜好，有助于思想政治教育实效性的实现。另一方面，传导方法的隐性旋律也是思想政治教育场域竞争性与隐蔽性的必然要求。以美国为首的西方发达资本主义国家，利用自己在影视制作及互联网软硬件技术上的优势，通过互联网向我国尤其是大学生群体传播了大量的意识形态文化产品。这些影视剧文化产品大多隐含了与我国国情不符的意识形态内容，不易为人所觉察，但因为这些意识形态文化产品的形式符合大学生的消费喜好，很容易被大学生所接受，从而使大学生在"消费"热播美剧的同时，不知不觉受到其不良思想的侵蚀。因此，思想政治教育传导的隐性旋律要求我们的教育者也必须改变以往仅关注显性教育的传导理念与方法，针对大学生群体有组织、有计划地大规模"投放"隐含社会主义核心价值观的多样化文化产品，真正占领高校思想政治教育的主阵地。

第四节 高校思想政治教育的重要意义

新时期，加强高校思想政治教育有着深远的现实意义。多年来，经过思想政治教育工作者的不懈努力，高校思想政治教育工作取得了一些成绩，学生的思想道德素质、科学文化素质、身体心理素质等都有了很大提高，但还是应该看到，高校思想政治教育依然存在很多不尽如人意的地方，这就需要我们去认真总结高校思想政治教育工作的成功经验，去积极探索新形势下高校思想政治教育工作的规律和途径。与时俱进，开拓创新，扎实工作，努力开创高校思想政治教育工作的新局面。

一、社会视角

坚持开展思想政治教育是社会发展和人类发展的客观需要，这是古今中外历来重视道德教育的原因所在。一个伟大的民族，不能没有哲学和社会科学；一个兴盛的民族，离不开哲学和社会科学的繁荣发展。所以，精神因素是社会的一部分，社会发展需要精神因素的参与。精神因素是人的因素之一，精神因素是人的系统中不可分割、不可或缺、极其重要的一部分。事实证明，但凡成功之人，都是才能因素与精神因素二者协调发展、共同作用的结果。

对当代大学生进行爱国主义、集体主义、社会主义教育，可以帮助大学生树立起明确的目标，把握正确的方向和道路，树立正确的世界观、人生观和价值观。只有树立了明确的目标才能为之努力，才能战胜前进路上的种种困难，最终取得成功。思想政治教育帮助大学生树立了正确的目标，把个人的选择建立在正确的社会需求基础上，把个人的才智兴趣充分发挥在崇高远大的目标上，从而实现自己的人生价值，并创造出更多的社会价值。这对人类、国家、社会和个人的发展都具有重要的意义。

高校是整个社会体系的重要组成部分，更是构建社会主义和谐社会的重要阵地。强化大学生思想政治教育工作，促进大学生的全面发展，构建和谐的大学校园，都是建设和谐社会的必然要求。加强大学生的思想政治教育，在一定程度上能够避免校园的极端行为乃至反社会行为的发生，从而营造出一个和谐的校园环境和社会环境。

二、教育视角

当下要切实把握大学生的思想状况，只有更好地把握大学生的思想状况，才能知道他们在想什么、怎么想的，才能在教学中更好地因材施教，才能使教学内容转换为他们的个人价值认同。当前大学生的思想状况特别是价值观的状况体现在以下几个方面：第一，自我与社会的冲突和调适是当代大学生必须要做好的事情。第二，随着当代商业文化的影响、社会生活节奏的加快以及生活压力的增加，都使得当代大学生的反思比以前大大减少，"原谅自己""放松自己"成为自我心态调节的标准，个人的思想空间被刻意保留与扩大。第三，当代大学生受教育程度都比较高，这使得他们更加强调自我，对人生意义特别是人生理想模式的思考比过去的青年人更早定型。当代大学生由于个人自主意识的增强，使得他们不轻易信服或追随某种东西。对此，在对他们进行思想政治教育的时候，更加应该增强教学的说服力，把理论与实际联系起来，特别是与大学生的实际情况联系起来，更多地用摆事实、讲道理的方法，在比较中明是非，力求让学生多看、多想、多议，让学生在这一过程中不断提出问题并且思考解决问题。

对大学生进行思想政治教育要坚持马克思主义的立场、观点和方法论。要正确把握"坚持与发展马克思主义"与各类思潮流派的介绍与批评、借鉴与批判的关系，这是一个原则性问题。对大学生进行思想政治教育不能采取纯客观主义的态度，不加选择、不加批判地灌输西方资产阶级理论学说。比如，在给学生介绍西方政治思潮中关于市场、国家与经济的关系理论时，要帮助学生掌握马克思主义的立场、观点和方法论，引导大学生正确运用马克思主义的基本原理，对西方资产阶级理论学说以及当前社会的一些问题做出科学的分析和评价，以增强辨别是非的能力。

总之，加强高校思想政治教育是目前我国高等教育的重要组成部分。在新的历史条件下，我们需要在大力提高大学生科学文化素质的同时，下功夫提高大学生的思想政治素质，引导大学生树立正确的世界观、人生观和价值观。大学生的思想政治素质是衡量他们能否成为社会主义接班人和继承者的重要指标，高校应重视和加强对大学生的思想政治教育。

第二章 高校思想政治教育的历史与发展

高校思想政治教育总是处于特定的历史语境之中。从中国独特的历史语境出发，深入分析高校思想政治教育的发展理论与基本逻辑，更能取得立体性、活动性的认识和理解，在一定程度上有利于高校思想政治教育的科学发展。本章包括高校思想政治教育的历史沿革和发展现状。

第一节 高校思想政治教育的历史沿革

一、高校思想政治教育的发展历程

（一）高校思想政治教育发轫期

中国共产党成立之初，就十分注重从思想上、政治上组织发动学生。从历次学生运动可以看出，大学生在中国历史进程中所发挥的作用与党的领导密不可分。早在1920年8月，就成立了上海社会主义青年团，其他地方的社会主义青年组织也相继成立。1923年，党召开第三次全国代表大会，要求对青年学生进行马克思主义宣传，引导学生参与反帝反军阀运动。1925年，毛泽东发表《中国社会各阶级的分析》，运用马克思主义的阶级分析法，宣传马克思主义，争取青年学生。1925年6月，在上海召开了中华全国学生联合会第七次全国代表大会，极大地提高了学生的政治觉悟。1935年12月9日，在党的策划领导下，北平数千名学生举行了著名的"一二·九运动"，掀起全国抗日救国新高潮。这一时期，刘少奇先后写了《民族统一战线的基本原则》《"联合抗日"与"团结建国"》，凯丰写了《我们所望于北方青年者》等文章，对学生进行政治引导和教育。1936年6月，党在瓦窑堡成立中国人民抗日红军大学，1937年1月更名为中国人民抗日军事政治大学（简称抗大），并随中共中央机关迁至延安。毛泽东亲自担任抗大教育委员会主席，并为抗大规定了"坚定正确的政治方向，艰苦朴素的工作作风，灵活机动的战略战术"的教育方针。1940年3月，陈云在抗大的讲话中较早使用了"思想政治工作"一词，将党的思想政治教育理论探索推进到新阶段。抗大的思想政治教育取得显著成效，大批党政干部、青年学生的思想政治素质和工作能力在这一"熔炉"中得到锻炼提高。在领导学生运动的过程中，党始终把学生的思想政治教育放在首位，结合民族利益、国家利益和学生自身利益，将其引上正确的革命道路。此外，中国共产党的众多先驱也在高校中接受了马克思主义思想，成为马克思主义先进思想的传播者和坚定的共产主义者。如留学苏联的学生大都被东方劳动者共产主义大学接收，该大学的课程设置偏重于思想政治理论教育，创办初期以讲授马克思主义基础知识为主。综上可以看出，此阶段高校思想政治教育开始萌发。

（二）高校思想政治教育建设期

中华人民共和国成立后，高校思想政治教育工作进入建设期。1949年9月，《中国人民政治协商会议共同纲领》明确指出，"中华人民共和国的文化教育为新民主主义的，即民族的、科学的、大众的文化教育"，为中华人民共和国高校思想政治教育指出了明确方向。这一时期，高校普遍设立马克思主义政治理论课，思想政治理论课（以下简称思政课）教学体系雏形逐渐形成，这是高校思想政治教育史上的一个重大举措。高校还进一步明确了要培养"具有马克思主义立场、为人民服务"的人才，并结合土地改革、"抗美援朝"爱国教育、"五爱"教育等系列活动，在大中专院校开展了广泛的思想改造运动，高校思想政治教育逐步展开。同时，中央批准试行的《教育部直属高等学校暂行工作条例》做出决定，在高校建立政治辅导处，配备政治辅导员。各高校根据该条例要求形成了符合学校实际的思想政治工作制度，使思想政治教育得以顺利开展。但是，1958年3月召开的全国教育行政会议，提出教育"大跃进"，使高校思想政治教育蒙上"左"的色彩，违背了教育教学和学生全面发展的客观规律，干扰了正常的教学秩序，挫伤了学生学习的积极性。

（三）高校思想政治教育停滞期

1966年，大中专院校学生组成"红卫兵"开始了无休止的"运动"，严重冲击了全国的高等院校，使其处于停摆和动乱的局面。1966年开展的一系列"批判运动"，在一定程度上打击了高校的各级党政干部和一线教师，并且否定了新中国成立以来确定的思想政治教育原则和内容等，使得思想政治教育工作一度陷入停滞和瘫痪状态，对学生的成长成才和全面发展带来了严重的负面影响。

(四)高校思想政治教育发展期

1976年10月,党中央一举粉碎了"四人帮"反革命集团,高校思想政治教育工作开始慢慢恢复。1977年10月,国务院决定恢复高考,这一决定是全面恢复教育秩序的重要标志,为大批知识青年敞开了大学之门。党的十一届三中全会之后,高校思想政治教育进入新的发展阶段。1980年颁发的《关于加强高等学校思想政治工作的意见》指出,"要旗帜鲜明地对学生进行系统的马克思列宁主义、毛泽东思想基本原理、革命理想、共产主义道德品质教育",强调培养学生运用马列主义立场、观点、方法论分析问题和解决问题的能力,树立辩证唯物主义和历史唯物主义的世界观。1984年,教育部印发《关于在十二所院校设置思想政治教育专业的意见》,宣告设立思想政治教育学科与专业,思想政治教育概念逐渐成为专业性术语。1993年,中共中央、国务院印发《中国教育改革和发展纲要》,明确提出,"把坚定正确的政治方向摆在首位,培养有理想、有道德、有文化、有纪律的社会主义新人,是学校德育的根本任务"。2004年,中共中央、国务院颁发《关于进一步加强和改进大学生思想政治教育的意见》,进一步明确加强和改进大学生思想政治教育是一项重大而紧迫的战略任务,并从指导思想、基本原则、主要任务、发挥课堂教学主导作用、拓展有效途径、发挥党团组织重要作用、加强思政工作队伍、营造良好社会环境、加强组织领导等方面予以鲜明的指导意见。这一时期,高校思想政治理论课不断调整教学内容、改革教学方法、加强师资队伍建设,充分发挥了高校思想政治教育主渠道作用。大学生社会实践活动作为高校思想政治教育的有效载体,从逐步兴起到蓬勃发展,并迅速在全国推广,内容和形式不断深化,成为促进大学生健康成长的重要措施。这一时期高校思想政治教育的感染力、亲和力持续增强,科学化、制度化水平不断提高。

(五)高校思想政治教育深化期

党的十八大以来,以习近平同志为核心的党中央高度重视高校思想政治工作,多次强调高校的立身之本在于立德树人。2013年,在全国宣传思想工作会议上,习近平总书记指出,意识形态工作是党的一项极端重要的工作。要巩固马克思主义在意识形态领域的指导地位,巩固全党全国人民团结奋斗的共同思想基础。2016年,全国高校思想政治工作会议深刻回答了高校培养什么人、如何培养人以及为谁培养人这个根本问题,为做好新时代高校思想政治工作提供了根本遵循。2018年,在全国教育大会上,习近平总书记进一步强调"培养什么人,是教育的首要问题","思想政治工作是学校各项工作的生命线","浇花浇根,育人育心"，"立德为先，修身为本，这是人才成长的基本逻辑"等重要论断。2019年3月，习近平总书记主持召开学校思政课教师座谈会时提出，"思政课是落实立德树人根本任务的关键课程，思政课作用不可替代，思政课教师队伍责任重大"，"要开展马克思主义理论教育，用新时代中国特色社会主义思想铸魂育人"，"既要有惊涛拍岸的声势，也要有润物无声的效果，这是教育之道"。习近平总书记的一系列重要论述，为推动高等教育改革发展、青年学生成长成才提供了思想"导航图"和行动"指南针"。"十三五"时期，中共中央、国务院相继印发《关于加强和改进新形势下高校思想政治工作的意见》《新时代公民道德建设实施纲要》《新时代爱国主义教育实施纲要》等纲领性文件，为新时代高校思想政治工作提供了行动指南。教育部和相关部委出台了《关于加强高校党的政治建设的若干措施》《关于加快构建高校思想政治工作体系的意见》《高校思想政治工作质量提升工程实施纲要》《关于深化新时代学校思想政治理论课改革创新的若干意见》《高等学校课程思政建设指导纲要》《普通高等学校辅导员队伍建设规定》等一系列文件，对高校思想政治工作进行了整体性规划、制度化安排、系统性加强。各高校根据文件精神，遵循思想政治工作规律、教书育人规律、学生成长规律，健全"三全育人"体制机制，将思想政治工作贯穿教育教学全过程，不断推动高校思想政治工作改革深化、创新发展、迭代升级。高校思想政治教育进入发展深化期。

二、高校思想政治教育的历史启示

（一）增强高校思想政治教育的科学性

思想政治教育是一门科学，具有独特的规律性。对于思想政治教育的规律，不同的学者做过许多富有价值的探索。大学生思想政治教育作为思想政治教育在高等学校的具体化，必须遵循思想政治教育的一般规律。就当前而言，增强高校思想政治教育的科学性，也就是遵循高校思想政治教育的规律性，需要从以下几个方面加以把握。

1. 明确高校思想政治教育的科学内涵

所谓明确高校思想政治教育的科学内涵，是指如何科学界定高校思想政治教育的问题。传统意义上的高校思想政治教育，又叫作"大学德育"，对此不同的学者有不同的界定。最为典型的有两种观点，即"大德育"和"小德育"。"小德育"坚信所谓的"德育就是道德教育"，而"大德育"则认为思想政治教育包括思想教育、政治教育、道德教育，有的认为还应该包括心理教育等。

实际上，在西方教育科学化运动的不断推进下，不同学科的壁垒日益加大，德育日益窄化为道德教育。然而，面对21世纪繁复的社会形势，教育的整体性和综合性不断凸显，思想政治教育以其丰富的包容性涵盖了思想教育、政治教育、道德教育等多种教育，只有不断拓展高校思想政治教育的视野，把思想政治教育明确为一个有着更多内容的大的范畴体系，才能够解决当代大学生思想意识、价值观念、道德冲突、政治追求等多方面的困境。

2. 遵循大学生思想品德成长的规律

在改革开放的进程中，经济体制转轨引起的社会生活和人们思想观念的深刻变化，对外开放带来的多元思想文化广泛交流，教育体制改革深化形成的大学生学习、生活新格局，以及独生子女在家庭养成的独特的个性心理、个人习惯等，都会使大学生思想品德的成长呈现许多新特点，给思想品德教育提出许多新课题和新要求。深刻揭示和准确把握新的历史条件下客观规律的发展变化和新的规律性，要经历一个渐进的、逐步深化的过程。

因此，我们必须不断研究新情况、解决新问题，勤于思考，勇于探索，善于创新，而不能囿于陈规，安于现状。只有跟上时代前进的步伐，积极探索新思路、新方法，不断地给思想政治教育注入新的生机和活力，才能充分发挥社会主义思想道德的主导作用，逐步开创高校思想政治教育的新局面。

3. 遵循思想政治教育过程的规律

高校思想政治教育，必须最终落实到思想政治教育的过程之中。因此，思想政治教育过程的规律，也必须在高校思想政治教育中得到遵循。关于思想政治教育过程的规律，不同的学者有不同的概括，如武汉大学的沈壮海教授在《思想政治教育有效性研究》中将思想政治教育的有效过程划为思想政治教育者的意识活动过程、思想政治教育者的实践活动过程、思想政治教育对象的意识活动过程、思想政治教育对象的实践活动过程等4个方面。

还有的学者将思想政治教育过程的规律概括为以教育者为基点的施教规律、以教育对象为基点的受教规律、以教育者与教育对象关系为基点的互动规律3个方面。从以上可以看出，思想政治教育过程的规律非常复杂，高校思想政治教育必须努力探索并且不断遵循规律，才能取得最佳效果。

（二）增强大学生思想政治教育的互动性

高校思想政治教育中的教和学、教育者和受教育者是一对矛盾关系。在实践中乃至在理论上，长期以来把教师即教育者看成是主体，把学生即受教育者看成是客体。教育者处于领导和施教的角色，而受教育者处于接受和服从的位置。应该看到，教育主体和教育客体的关系是高校思想政治教育中最为重要和基本的关系，贯穿高校思想政治教育过程的始终。

当然，在主客体关系中，主客体的划分是相对的，它们可以相互转换。主体和客体在思想政治教育过程中互相促进、教学相长、共同提高。教育者和受教育者需要在平等的基础上实现思想互动，不仅要充分发挥教师作为思想政治教育主体的主导作用，而且还要发挥大学生自身的主体性，不断增强高校思想政治教育的互动性。这是现代思想政治教育的本质要求，也是高校思想政治教育不断走向现代化的必然要求。

1. 大力发展网络思想政治教育

互联网的迅猛发展在很大程度上改变了人们的生活方式和学习方式，使高校思想政治教育在面临巨大挑战的同时，也赢得了前所未有的发展机遇。网络的互动性、迅捷性、匿名性、平等性给传统意义上的高校思想政治教育带来脱胎换骨般的思维转换，大学生不再仅仅依赖于教师和思想政治教育工作者，而更多地通过网络来了解信息、接受教育、沟通思想。所以，必须大力发展网络思想政治教育，建立网络思想政治教育的平台和基地，通过积极健康向上的网络文化来影响和引导大学生，使其在纷繁复杂的网络世界中学会选择信息、辨别信息、汲取营养、充实自我。尤其是要大力加强高校红色网站建设、校园 BBS 舆情引导、电子邮件博客教育阵地构建、网络视频教育课件建设等，使互联网成为高校思想政治教育的鲜活载体，扬长避短，发挥积极的教育影响。

2. 加强大学生的自我教育

大学生自我教育是大学生成为教育主体、实现思想政治教育互动的基础。加强自我学习、自我教育，努力把大学生变成思想政治教育的主体，实现教育者和受教育者、教育主体与教育客体在大学生自身的统一和转化，是高校思想政治教育的最佳教育方式。思想道德素质的提升尽管离不开外在的教育规范，但要形成稳定的个体品格，更离不开自我的意识和觉悟，离不开自我教育的深化和发展。古人有"慎独"的修身方法，正是对自我教育的最好诠释。要培养大学生的社会责任感和良好的品性，需要充分利用自我教育的方式，把自我教育能力的塑造作为高校思想政治教育的不懈追求，着力强化大学生的内省意识、自我管理和自我约束的能力，自我回顾和自我审视的习惯，自我丰富和自我完善的品格塑造素质。

（三）增强高校思想政治教育的实效性

增强高校思想政治教育的实效性，必须把高校思想政治教育当作一个系统工程来加以考虑。高校思想政治教育的要素、过程及结果，都是构成思想政治教育实效性的重要方面，缺一不可。21世纪加强和改进高校思想政治教育，着力提升高校思想政治教育的实效性，应该从以下几方面大力推进。

1.努力拓展教育内容

教育内容是构成高校思想政治教育实效性的基本要素。高校思想政治教育内容的有效性，主要来源于其真理性、真实性和先进性，同时应该具备理论上的透彻性，与大学生日常生活及利益需求的契合性。目前，高校思想政治理论课的教师队伍、教学内容、教学方法等都还存在许多问题，要根据"三贴近"原则（贴近实际、贴近生活、贴近群众）拓展教育内容，使其更具针对性、层次性和连续性。要提高思想政治理论课的吸引力和感染力，在教学形式和方法上创新。同时，要加强队伍建设，建立保障机制，为思想政治理论课教师提供良好的政策、工作和生活环境。

2.改进教育方法

要对原有的高校思想政治教育的途径和方法进行改进和优化，对新的高校思想政治教育方法和载体进行创造和运用。高校思想政治教育具有内在的规律，要提高高校思想政治教育的实效性，教育者必须与时俱进，由平面、简单、教条、空洞的灌输向互动、因势利导、循循善诱转变。要创建良好的文化环境，润物无声。要在思想教育中注入科学方法，积极开展网络文化活动。要针对当代大学生在学习等方面存在的心理问题，运用心理学的方法进行疏导，促进其身心健康。要将党团活动、社会实践、心理咨询、校园文化及社团活动、学风建设、成才教育、行为养成、网络引导、就业指导等各种方法有机地加以综合运用。

3.完善教育机制

要着力构建高校思想政治教育的长效机制，建立和完善以大学生的内在需要为导向、以大学生的主体作用为基础、以全方位育人为重点、以促进大学生全面发展为目的的思想政治教育机制，满足大学生思想道德素质及整体素质不断发展和完善的需要。建立和完善高校思想政治教育的需求分析机制、决策机制、实施机制、督导机制、评估机制、激励机制、反馈机制等。建立一支以党团组织为核心、以专职学生思想政治教育工作干部为中坚、以兼职人员为依托、以学生骨干为基础的高校思想政治教育队伍，坚持教书育人、管理育人、服务育人相结合，坚持社会教育、家庭教育、学校教育相结合，加强高校思想政治教育力量与资源整合，促进高校思想政治教育主体的优势互补，不断增强高校思想政治教育的综合合力与整体效益。

4. 优化教育环境

高校要进一步形成和谐的办学氛围、办学思路、办学环境和办学条件，以健康高雅的校园文化，和睦相处的人际环境，积极向上的舆论氛围，公正严明的制度规范，熏陶和培育出 21 世纪大学生良好的思想道德素质。

第二节　高校思想政治教育的发展现状

一、高校思想政治教育的主流特征

不断发展变化的社会形势和不断涌入的新兴思潮，使当代大学生形成了很多特点显著的心理和行为特征，这些特征在主流上是积极、健康、向上的，具体表现为以下 4 点。

（一）民主意识不断增强

随着我国民主政治的不断发展，当代大学生的民主意识越来越强烈。在学校生活中，大学生已经不满足于被教育者的角色，开始更多地要求参与到班级甚至学校的组织与管理中去；在社会政治生活中，大学生们对民主选举、民主管理、民主作风也表现出极大的兴趣和关注，具有强烈的改革和参与意识。

（二）主人翁意识不断增强

由于社会的转型，思想的解放，改革大潮的冲击，高校改革的深入开展，2000 年以后出生的大学生的主体意识也在不断觉醒。他们有着强烈的自主、自理、自强的愿望，希望独立的人格能够得到社会的认同和理解。

与此同时，他们的主人翁意识也在不断增强，对祖国的前途命运十分关心，他们已经认识到个人的命运与国家的发展是紧密相连的，在国家有困难的时候，他们总是积极表现出忧国忧民的情怀。

（三）道德行为水平不断提高

在现代科技文明给大学校园带来学习革命的同时，也促进了当代大学生良好道德行为的培养。目前，大学生的道德水平普遍较高，各种良好的道德行为正在逐步养成，并经由大学生的身体力行而使这些良好的道德行为在社会中得以广泛传播。

（四）务实理性价值观念逐渐普及

如今，大学生价值观发生了很大变化，比以往更期望能够有一种多样性和包容性的环境。市场经济的发展培养出了他们注重现实的品格，在整个社会务实风气以及校园环境的影响下，大学生中夸夸其谈、好高骛远的变少了，注重实干、积极进取、追求实效的变多了，一些社会活动的理想、激情已经被理智、客观的社会行为所取代。

二、高校思想政治教育存在的问题

（一）高校思想政治教育载体呈现"三化"

传统的高校思想政治教育载体主要包括课堂教学、班级活动、社会实践、校园文化等活动，虽然这些教育载体在一定的时代背景下显现出了其实用性，但其还是存在不少弊端。

1. 载体功能的僵化

课堂是学生学习知识、提高思想政治觉悟的主阵地。各高校应充分利用课堂载体，坚持传授知识与提高学生思想政治素质相统一，帮助学生完善人格。

（1）教学内容的滞后性

伴随新媒体技术的进步及广泛应用，许多思想政治教育者已尝试开始采用新媒体形式开展高校思想政治教育工作，如开设思想政治教育主题论坛，设立思想政治教育网络社区主页，开发移动互联网平台，等等，这些载体形式对促进高校思想政治教育的发展起到了一定作用。然而，许多高校思想政治教育的教育者、管理者的教育理念还偏于保守，偏爱的仍是思想政治教育的传统载体形式，他们习惯于使用传统教育手段，对新媒体技术发展的优势与前景认识不清，改革教育形式的自身动力不足，这便直接导致思想政治教育的载体选择无法充分满足当代大学生的需求，教育载体存在明显的滞后性。理论脱离现实，就会失去根基，没有说服力，这也是学生容易对思想政治教育心理课产生逆反心理、不愿接受的主要原因。

（2）教学方法的单一性

高校思想政治理论课教师的教学方法仍是以课堂讲授为主，一味突出教师的主导作用，仅以学生被动接受，缺乏激发学生思考、主动积极参与的方法和手段。

（3）不能与专业课课堂形成合力

高校的思想政治教育工作，不应该只是思想政治理论课教师、辅导员、学生工作管理者的"独唱"，而应是全体任课教师与全体学生的"合唱"。在高校校园中存在这样一种现象：一些专业课教师，随便对社会现象进行不负责任的评价，课堂上宣泄自己的情绪。这会对学生产生长久的不良影响，甚至会毁掉思想政治理论课教师长期努力的成果。

2. 管理载体功能的弱化

现在大部分大学生缺乏主动学习意愿，经常只有三分钟热情，不能够保持持久学习的状态。因此，必须切实落实管理载体的作用，督促学生养成学习习惯。目前，部分高校管理部门和管理者缺乏思想政治教育理论知识和自觉对学生进行思想教育的意识，把管理与思想政治教育分割开来。部分管理者认为，只要学生不出现安全事故，不违反学校规定，安心上课，顺利拿到毕业证就万事大吉了，把学生的思想问题、心理包袱完全交给辅导员与思想政治理论课老师。管理功能的弱化，直接影响了高校思想政治教育时效性的发挥。

3. 活动载体的形式化

高校的学生多喜欢参加各种活动，渴望通过活动施展自己的才华并得到大家的认可。故此，活动载体是高校思想政治教育载体中最具吸引力的形式。目前，部分高校在运用活动载体时片面追求形式而非内容，使活动成为与思想政治教育无关的"装饰"或"表演"。例如，一些思想政治教育工作者在组织活动时单纯追求流行和时尚，最终起到的作用只是以乐代教而不是寓教于乐；还有些思想政治教育工作者把组织活动总体数量作为考核业绩的标准，忽略了活动的实际效果。此外，一些活动存在严重的短期性、暂时性等问题，活动大张旗鼓地开始，但随后又悄无声息地结束了。活动载体的形式化，严重束缚了高校思想政治教育功能的发挥。

（二）高校思想政治教育实践环节薄弱

习近平总书记强调，大学生不论是在工作中还是在学习中都要面向现实，从实际角度出发，经常进行实践活动，把理论知识应用到实践中，实践出真知，在理论学习与实践学习中秉持严谨务实的态度，扎扎实实做事。只有把所学知识运用到实践中，才能令知识得到充分运用。新时代的大学生具有求真务实的精神，大学生普遍认为实践活动是高校思想政治教育重要的有效途径，认为当前思想政治教育工作主要是理论教学，很少或者没有与实践结合。通过分析，大学生渴望课外实践活动来运用课本里的知识，提高自身修养素质。习近平总书记在座谈和讲话中也常提到要做到知行合一、以知促行，把学到的知识内容应用到现实生活中，不要仅仅停留在书本上，纸上谈兵，因此最好的方式就是将所学知识能够落到实践中。大学生需要实践来检验自己所学的知识，高校也应积极响应大学生的诉求，广泛开展实践活动。

实践活动是可以在红色文化教育基地、爱国主义教育基地以及历史文化博物馆等地开展，实地参观学习。这种方式能在教育过程中产生巨大的效能，通过参观介绍、给大学生布置考察调研任务，以此来引发学生的思考，在此基础上也可以通过榜样示范的方法来加强大学生的爱国主义教育。经过考察调研和参观，结合时事政治，安排学生广泛地运用多媒体技术进行思想汇报，既可以锻炼大学生的动手操作能力，又可以及时追踪大学生的思想状况，使大学生养成关注时事政治、善于用马克思主义理论来分析和解决问题的良好习惯。随着时代的发展，务实求真的理念也在大学生心中深深扎根，实用性成为大学生群体更在意的方面，大学生始终是要就业、要为社会服务的，要把创新创业教育和理论教育有机联合起来。高校要在实际行动上向学生发出实践邀请，以回应当代大学生实用至上的诉求；积极开展校园活动，如创业竞赛、演讲比赛等，从中培养大学生吃苦耐劳、勇于奋斗的精神，在实践中点燃大学生创新创业精神。许多高校都有校企，在实践教育中利用校企给学生以实践机会，在实践中对大学生进行思想政治教育，理论教育与创新创业教育协同发展，使大学生走上真正的实践平台，培养大学生的创业能力和良好的职业精神。通过实践活动，使即将走向社会、成为社会主义建设者与接班人的大学生拥有更高的素质。

（三）高校思想政治教育的管理与制度建设落后

学校管理是学校管理者通过一定的机构和制度采用不定期的手段和措施，带领和引导师生员工，充分利用校内外的资源和条件，整体优化学校教育工作，有效实现学校工作目标的组织活动。学校管理作为与思想政治教育相辅相成的一种教育手段，是大学生思想政治教育的重要途径。如果缺乏切合实际的、合理的管理制度，那么，大学生的思想政治教育就会变得羸弱无力。

现阶段，高校对学生进行思想政治教育管理的部门设置比较简单，主要依托学生处、团委来完成。相比人员众多的专业教育人员，思想政治教育管理者人员十分匮乏，所以在处理一系列学生问题时就显得捉襟见肘。在这种情况下，高校思想政治教育者只能将本应该是非常有人性化的学生工作当成机械的"消防工作",将自己的角色定位为"消防员",整个教育过程就变成了单纯的"救火"和维稳,很难做到思想政治教育的人性化和个性化,很难做到从学生实际情况出发,将思想政治教育做得更有实效性。

另外,高校思想政治教育也需要良性的制度来规范。现阶段,高校还没能根据自己的实际情况和学生的特点进行教育规范,能够做的就是生搬硬套政府部门的制度规范,无法制定出相关的配套制度规范。即使制定出相关的制度,具体规定方面又做不到位。第一,高校在制定相关规章制度时,并没有充分地考量大学生的实际情况,缺乏与大学生的沟通;第二,规章制度的相关规定并不是基于学生未来的全面发展而考虑,而是基于更好地方便管理者的管理而制定,制度的内容更多的是处罚手段,显得过于机械和单调;第三,高校在制定规章制度的过程中机械地将国家在相关方面的规定照搬,自主性很差,没能做到"因校制宜";第四,高校缺乏突发事件的早期预警机制,缺乏学生思想政治突发事件完备的应急预案。总之,正是因为制度和管理的缺位,导致没有真正形成提高学生思想政治教育的合力。

目前高校思想政治教育工作的体制机制不完善,尤其在如何更大限度地依靠法律、制度、政策来保障学生的思想政治教育工作方面,还显得比较薄弱。一些高校在深化改革中普遍将思想政治教育工作的管理降格或弱化。

(四)高校思想政治教育文化生态存在问题

1. 整个社会对文化生态的建设尚未形成自觉意识

思想政治教育概念中所提到的"思想观念、道德规范"等都属于文化的内容,所以说,思想政治教育既是一种实践活动,也是一种文化活动。但在实际操作中,人们往往忽视后者。换言之,人们只看到了思想政治教育的意识形态性,却忽视了它的文化性,远远没有意识到建立和谐稳定的思想政治教育文化生态的重要性。根据场所来划分,可以把教育分为家庭教育、学校教育和社会教育。

进入21世纪,我国的家庭教育出现了回归传统的趋势,家庭教育的内涵也在不断丰富,有了一定程度的发展。但随着社会的变迁,家庭教育日益受到社会功利化思潮的影响,出现了很多教育上的误区,单纯地把学习成绩作为教育目标,逼迫孩子参加各种课外辅导班、奥赛班等,占用孩子的休息时间;替孩子做各种人生选择,把自己的期望强加给孩子,使孩子成为自己实现梦想的工具;家庭交流总是围绕成绩来进行,忽视学生正确价值观的培养。如果孩子没有从小接受正规的系统教育,使马克思主义占领思想的主阵地,那么其他的价值观念就会乘虚而入，导致许多问题的产生。面对社会多元文化的挑战，家长的应对能力明显不足，社会教育也会出现乱象丛生的局面。有些违背社会发展方向的文化存在于人类的现实生活中，误导了人们对建设和谐文化生态建设的正确理解。无论是家庭教育还是学校教育，都强调思想政治教育的组织性和纪律性，强调成绩的重要性，忽视了学生综合素质的提高，尤其是身心素养和健康人格的养成。

另外，学校在思想政治教育方法和教育资源的利用上都过于单一，比如，过多使用国家正式文件、让学生观看领导人讲话视频等，只注重知识的传达和枯燥的说教，不能充分调动学生学习的积极性，无法达到内化的目的。

思想政治教育的对象是人，育人是其文化生态的重要功能。高校培养的人是全面和自由发展的人，是拥有良好道德品质的人，是有健康人格的人，是对社会有益的人，而不是片面发展的人，更不是学习的机器。

通过以上分析可以看出，整个社会还没有建设文化生态的自觉意识，没有看到文化生态的重要性，高校思想政治教育也深受其害，出现了内容的偏差和目标的偏移。在这种大环境的负面影响下，高校思想政治教育文化生态的建设还将面临很大的困难。

2. 文化生态系统各要素处于失衡状态

文化生态平衡指一个国家在主流文化价值观主导下，各种文化传统、文化样式、审美理想和价值观等在当代文化环境中和谐共生、繁荣发展的状态。相对而言，我们可以这样理解，当各种文化形态不能和谐相处时就会出现文化生态的失衡。文化生态失衡的概念最早是由国内学者方李莉提出的。根据她的阐述，文化生态处于一定的文化环境之中，当环境的影响作用较大时，会引起文化生态内部的混乱，使各要素处于不和谐状态，这就是我们所说的文化失衡。或者当文化系统各要素发生矛盾时，如果超出了系统本身的承受能力，也会导致文化生态的失衡。

首先，就外部环境来说，整个社会的文化生态系统没有形成一种相对平衡的状态。目前我国主流文化和精英文化处于弱势地位，尤其是主流文化还没完全发挥其引领作用，大众文化异军突起，对大学生的影响较大。作为主流文化的社会主义先进文化还没有得到大学生的广泛关注，大学生的理想信念大多还停留在个人层面上，更没有把实现中华民族的伟大复兴当作自己的梦想，作为国家主人翁的责任意识不强。

其次，从高校内部因素来看，思想政治教育的教育主体和客体都出现了一定程度的不均衡发展。进入21世纪，高校迅速扩招，办学规模不断扩大，但硬件设施与师资力量等并未随其扩大，出现了思想政治教育学科教师及辅导员短缺的情况。尤其是现在的辅导员偏年轻化，经验匮乏，有的甚至没有经过相关的专业训练，而且随着日常工作的增加，不能达到以前的精细化，容易出现重整体、轻个体的现象；大学生来自五湖四海，生活环境、家庭条件、民族习惯等有所不同，再加上现在的大学生大多自我意识较强，在上学期间因过分注重成绩而忽视身心，在人际交往中易产生一些问题，有的学生甚至会出现严重的心理问题。大学生的心理比较脆弱，因为不堪忍受就业压力而自杀的情况，每年都会发生。他们有的为了奖学金而功利地学习，有的为了炫耀攀比而谈恋爱，有的利用网络游戏虚度光阴，等等，由此导致大学生的文化水平参差不齐，综合素质水平出现了严重的两极分化。更重要的是，高校内部各种文化形态也出现了不协调发展的现象，物质文化建设飞速发展，精神文化建设有所缺失，制度文化建设相对滞后。许多高校虽有华丽的外表，却没有良好的学术气息。大学生普遍重视物质消费，精神文化落后，创新意识不强，人文素质有待提高。在这种文化生态失衡的大环境下，高校文化建设少有成效，文化的育人目标更是难以达成。

三、高校思想政治教育面临的发展机遇

（一）保证了高校思想政治教育的主体性

尽管现代教育理论始终倡导学生在教育活动中的重要地位，然而作为一项特殊的教育活动，思想政治教育活动还是要强调教育者的作用。这是因为，当今世界的战争不是枪林弹雨的战争，不是争夺领土主权的战争，而是思想和文化的战争，是意识形态领域的竞争。从某个角度来讲，谁可以对主流意识形态的话语权加以掌握，谁就可以在战争中傲视群雄、拔得头筹。在这种形势下，坚持教育工作者的主体性就变得非常必要。新媒体是科学技术的产物，其优势是便于沟通。高校思想政治教育工作者承担着"传道、授业、解惑"的重要使命，有必要对大学生进行中国特色社会主义核心价值观的引导。在新媒体环境下，高校思想政治教育工作者更要时刻不放松地对大学生进行思想教育，使他们坚定社会主义信仰，坚持社会主义道路。

（二）扩展了高校思想政治教育的时空性

在传统模式下，班级授课制的教学组织方式难以践行因材施教的理念，大学生难以在课堂教学中获得他们真正想知道的信息，导致他们不会对思想政治教育

投入足够的热情。但是新媒体的出现打破了这种局限性。首先，新媒体不会受到时空限制，有了新媒体的帮助，学生不用在特定时间走进特定教室，坐在一起接受同一内容的教育，他们可以结合自己的兴趣爱好和实际情况自由选择合适的学习时间和地点，利用新媒体搜索信息、接受教育。在新媒体视域下，学生可以更便捷地向教育者提问，即使学生与教育者不处于同一地域，但是仍旧可以互动，由此提高了思想政治教育的即时性。其次，信息传播在新媒体平台中可以跨越空间，不管学生处于哪个地域，都能接受思想政治教育，这可以帮助学生树立终身学习意识。最后，人们一直将学校称为"象牙塔"，学校与社会之间始终隔着一道"墙"，但是新媒体的诞生可以拆除这堵"墙"，使学校的思想政治教育更具有社会性，能够进入更广阔的教育天地，进而更好地提升学生的社会适应力，为学生的日后发展奠定扎实的基础。

（三）提升了高校思想政治教育的实效性

在传统教育模式下，教师往往是借助《毛泽东思想与中国特色社会主义理论体系》《马克思主义哲学原理》等教材对学生进行思想政治教育的，教育内容来源略显单一，而且理论性太强，缺少足够的时代色彩，不符合学生多元化的发展需求。而新媒体时代的到来，使高校思想政治教育的内容大大拓展，新媒体平台中的知识信息丰富，大学生可以通过这些平台随时查找自己所需要的信息。

另外，智能手机目前已经得到普及，其功能也越来越强大，大大满足了大学生利用碎片化时间搜索信息的需要。教师也可以从新媒体平台搜集各种社会热点问题引导学生思考和讨论，比如，与学生日常生活密切相关的法律、就业、休闲等信息，都可以引入思想政治教育过程中；还有国家最新出台的政策文件等，都是可以利用的教育内容。以此促进学生保持与社会的联系性，了解国内外时事动态，保持与时俱进的精神状态，这种状态对大学生的发展是大有裨益的。

四、高校思想政治教育面临的挑战

（一）全球化对思想政治教育的挑战

经济全球化为我国加快高等教育改革与发展的步伐提供了契机，但对高校思想政治工作自身也带来了许多冲击和挑战，主要表现在如下的两个方面。

1. 对高校思想政治工作目的的冲击

从思想政治工作自身的发展历程看，我国的思想政治工作创始于战争年代，发展于社会主义建设中，扭曲于"阶级斗争为纲"时期，探索在经济全球化背景下的社会主义市场经济进程中。高校思想政治工作的目的从"培育革命性""又红又专"到"培养社会主义事业的建设者和接班人"。我国高校思想政治工作的目的没有什么太多的变化，只是其表述方式不同，其核心思想是一致的，即我国高校的思想政治教育具有鲜明的政治性和思想性，始终把引导学生确立献身中国特色社会主义事业的政治方向放在首位，要求每一个大学生在具有一定的业务能力的同时更应具有强烈的政治思想意识，坚定的政治立场。但在经济全球化背景下，把我国的各类高校的思想政治工作都做这样的要求，在实践中能不能实现呢？随着经济全球化发展，我们的办学模式发生了巨大变化，中外合资办学已成为一种外资进入我们教育市场的基本方式。同时，即使在同一所大学的学生能不能是同一个目的呢？不同背景下成长的学生必然具有不同的学习动机，随着中外教师的相互交流，对学生势必产生不同的影响，等等。这些问题，在新时期应该是高校思想政治工作所面临的最大的冲击和挑战。

在新时期，只有明确了高校思想政治工作的目的，才能在经济全球化、经济市场化的背景下与时俱进地开拓思想政治工作的新局面，克服和消除大学生们"思想政治工作在市场经济建设中失灵"的困惑。为此，新时期在高校思想政治工作的目的这个问题上应该解放思想，实事求是，必须重新审视"什么是思想政治工作、思想政治工作的目的是什么"的问题。思想政治工作的目的可以理解成一个多层次的概念，对不同的学院、不同的学生有不同的要求。

要将思想政治工作的政治功能层次与思想教育功能层次相区别。思想政治工作的政治功能就是要强制性地向受教育者灌输一定的政治思想意识，激发他们参与政治活动的热情，引导他们坚定政治立场，从而提高政治敏锐性和参政能力，树立为正义、为祖国献身的意识。思想政治工作的思想教育功能则必须建立在一定的机制基础上进行，发挥引导、促进和保障作用。对不同对象实施不同重点内容的教育将有助于思想政治工作目的的实现。

2. 对高校思想政治工作内容的冲击

传统的思想政治工作内容的主要弊病是就马克思主义理论进行灌输式的教育，重形式、轻效果，因而极易给人们产生一种"假、大、空"的感觉。其实思想政治工作到现在也没有准确的定位，没有真正形成一门完整的系统学科，其理论是处于动态的，没有形成自己的边缘和界限。这是经济全球化中高校思想政治工作面临的又一严重挑战。

理想信念教育是高校思想政治工作的核心内容，理想信念教育最根本的是坚持和巩固马克思主义在高校意识形态领域的指导地位,不断用马克思主义、毛泽东思想、邓小平理论、"三个代表"重要思想、科学发展观、习近平新时代中国特色社会主义思想武装全体师生,这是保证高校社会主义方向的根本思想基础。

(二)社会转型对思想政治教育的挑战

思想政治教育是社会的一部分,社会变化决定了思想政治教育的变化。随着传统社会向现代社会的转变,思想政治教育也会发生转变。社会转型在本质上是社会结构的转型,同样,社会结构转型促使思想政治教育结构转型。思想政治教育转型的核心是思想政治教育结构转型。

1. 负面影响

社会转型增加了大学生个体特征的复杂性,各类民生问题给思想政治教育带来了难题,多元价值观挑战社会主义核心价值观,贪污腐败现象削弱了党和政府的威信与公信,给思想政治教育带来了消极影响。

社会加速变化,转型成为社会发展的常态,并引起了社会环境、校园环境、家庭环境发生新变化,增加了大学生个体特征的复杂性,给高校思想政治教育带来了难度和挑战。当代大学生所处的社会环境与以往大为不同,社会性因素导致大学生价值取向发生变化、偏移,转型过程中社会大环境的变化、变迁不断产生消极因素,进而波及、影响大学生。受社会环境变迁的影响,在大学校园里,不同学生来自不同经济收入、职业背景的家庭,受其家庭和社会的影响,会产生不同的价值观念和行为习惯。同时家庭的经济收入、消费能力以及知识积累、生活方式等也存在较大差异,学生之间存在一定的隔阂和价值观念冲突,由于大学生价值追求的多样化,学生存在消费攀比、铺张浪费等现象,由此导致学生不良的生活作风。由于城市化进程,农村人口向城市流动,农村子女呈现留守现象,导致家庭育人功能逐步转移给老年人,家庭教育功能严重缺失,短板现象严重。与此同时,城市小区建设呈现封闭式状态,传统的邻里关系弱化,睦邻友好关系逐渐消解,传统的尊老爱幼等观念也遭受冲击。

2. 各类难题

随着社会主义市场经济体制的改革,所有制结构和分配方式发生了深刻的变化,加之区域因素、政策因素影响,居民收入拉开差距并呈现分化状态,收入差距过大的现象严重,随之而来的是各类民生社会问题的出现。当前,我国经济增长进入新常态,具体看来,房价、城市治理、留守儿童、医疗卫生、乡村教育等问题依然突出。民生问题既是经济问题、社会问题，也是政治问题。我国经济社会转型期的民生问题，是国家和政府要面对的重要问题，民生问题能否得到解决，体现出我国政府是否有足够的政治意志和政治决心；民生问题的解决关乎全面建成小康社会，也反映着党和政府落实以人民为中心的思想和治国理政理念。突出的民生问题给思想政治教育带来难题，财富分配不均、利益格局调整、社会结构分化、社会矛盾突出，这些关乎生存的民生问题有待高度重视并逐步解决。民生问题解决的如何，直接体现党的执政能力和执政水平。

3. 多元化价值观

随着我国社会主义市场经济的发展，资产阶级的自由主义、个人主义、享乐主义、利己主义、民主主义等价值观不断冲击、挑战社会主义核心价值观，对社会发展会产生负面作用。这些资本主义价值观对大学生的世界观、人生观、价值观的形成产生不利影响，误导他们做出错误的行为。在价值判断上，不少学生会将西方价值观视为价值标准，在判断一个人是否成功时，往往用金钱多少、地位高低进行衡量，分辨不清人生的真正价值。我国的贫富差距过大，基尼系数远超国际警戒线，贫富差距过大容易引发人们思想震荡，导致价值真空与信仰缺失。西方价值观与社会主义核心价值观交织并存，价值多元主义、价值相对主义以及价值虚无主义对大学生社会主义核心价值观的培养构成极大的挑战。对思想政治教育来讲，无疑增加了复杂性，增加了难度与挑战。

（三）新科技革命带来的挑战

新科技革命在推动社会经济发展的同时，也给高校思想政治教育的发展带来了新的挑战。在新一轮的科技革命中，互联网影响深远且势不可当，互联网引起数据革命，数据革命给人类社会带来的变革，将更为彻底，更为激烈。信息化、网络化在加大思想政治教育引导与疏导难度的同时，也挑战了大学生甄别信息的能力。

1. 加大思想政治教育难度

移动互联网等新媒体发展迅速，给信息的获取、传播带来了极大的便利。大学生使用互联网浏览新闻、发表评论、互动跟帖，没有时空的限制与约束，然而，信息化、网络化导致各类信息鱼目混珠，有些文章所反映的价值观或意识形态是资本主义性质的，大学生却难以分清。比如，互联网上某些文章抨击国有企业，反对公有制；有些抨击集体主义价值观，歪曲唯物辩证法等；一些人对流传的负面消息和图片进行二次甚至多次的解读、编写，在网上容易产生极坏的影响。由于缺乏审查主体，法律法规和监管不到位，对各类文章和信息的审核、审查严重缺位，只要没有赤裸裸的违法，一般就能在网上传播，所以，经常看到各类文章和信息在网上大行其道，宣传资本主义的价值观、意识形态、政治观念，加大了思想政治教育引导与疏导难度。

2.挑战大学生甄别信息的能力

互联网为信息发布与共享提供了畅通的渠道，成了人们获取各类信息的工具，尤其是近年来移动终端设备的发展带动了移动互联网的飞跃式发展。

大学生使用手机畅游移动互联网获取各类信息，由于他们处于理论知识的学习阶段，知识体系和思维方式处于积累过程中，对社会缺乏深入的认知和理解，尚未形成一套成熟的知识系统与思维体系，缺乏对事件和问题的科学分析和辩证看待，在复杂化的网络内容面前，难以完全分清与剔除负面消息，不可避免地受到互联网的负面影响，这就给错误思想、思潮以可乘之机。互联网信息传播中还充斥着大量的西方政治意识形态、社会负面消息、谣言、低俗信息等内容，宣扬私有化和西方的生活价值观，编造历史虚无主义，等等，它们都借助于移动互联网等新媒体来增强其影响力，企图以话语内容的复杂化消解马克思主义的权威性。如果大学生识别不出其目的与真相，就会被其所迷惑、困惑，进而影响大学生的世界观、人生观、价值观。这些都给大学生的思想政治工作带来严峻的挑战。

第三章　高校思想政治教育中的热点内容

高校思想政治教育是维护我国思想意识形态安全的重要教育活动，不断优化与更新高校思想政治教育的视角、方法、实践策略，可以提升其教育有效性。因此，对高校思想政治教育内容进行优化更新，始终是思想政治教育的热点问题。本章主要内容包括：大学生生命教育、大学生诚信教育、大学生就业教育、大学生廉洁教育以及大学生婚恋教育。

第一节　大学生生命教育

一、认识生命教育

1964年，日本学者谷口雅春鉴于唯物教育盛行，导致亲子与师生关系的决裂，出版了《生命的实相》一书，首先呼吁生命教育的重要性。他认为实施生命教育之后，能有效克服唯物教育所产生的缺失，因而带动了日本社会的变化。1968年，美国著名的演讲者、作家与人生导师杰·唐纳·华特士针对青少年吸毒、自杀、他杀、性危害等犯罪高发现象，承袭印度瑜伽大师雪莉·阿南达·摹提吉的精神，出版了《生命教育》一书，探讨必须关注人的生长发育与生命健康的教育真谛，首次明确提出了生命教育的思想，并在美国加州创办了"阿南达村"、阿南达学校，倡导和实践生命教育的思想。

生命教育在20世纪80年代逐步推行开来。到了90年代，美国、澳大利亚、英国、日本、新西兰等国家和我国的香港、台湾地区开始竭力倡导生命教育，于是生命教育得以大规模系统地展开。进入21世纪，生命教育已成为遍及全球的教育内容。

生命教育在一些国家和地区是在小学或中学时期进行，也有一些国家和地区是在高中或大学进行，各国家或地区因实际情况而异。

生命教育的内容包括：第一，生存意识的教育，正确理解生命、生存和生活的内涵，也就是尊重生命、珍惜生命的教育，具体又包括生命安全的教育、生活态度的教育以及死亡体验的教育。第二，生存能力的教育，主要在于对环境的适应能力、抗挫能力以及安全防范和自救能力的提高。第三，生命价值升华教育，要重视培养大学生端正人生态度，认真生活，快乐学习和工作，还要注重大学生的审美教育，让大学生在审美的过程中体验人生的价值和意义。

20 世纪 90 年代，随着我国素质教育的全面实施，倡导以人为本和尊重、关心、理解、信任、发展人的个性已经形成共识，生命教育就此提上了思想政治教育的日程。在 2004 年，中共中央、国务院针对加强青少年思想道德建设、开展青少年生命教育就提出了明确要求，先后出台了 8 号文件和 16 号文件，做出了全面性战略部署，号召把生命教育作为思想道德建设的重要载体，科学有效地实施生命教育活动，并将生命教育纳入全民素质教育内容中。2006 年至 2009 年，全国人大代表连续几年都在全国人大会议上提出预防自杀、生命教育的相关议案或建议。在党和各级政府特别是教育部门的重视下，各种有关促进青少年生命健康成长为主题的活动开展得轰轰烈烈，并取得了许多可喜的成绩。上海、辽宁、江苏、四川、山东、黑龙江、吉林等省市富有创造性地开展了生命教育科研、教学实践、教材编制、教学大纲试行等活动。我国的生命教育已经形成了政府主导、民间参与、社会各界积极配合的趋势。

生命教育属于思想政治教育的范畴，然而，多年来在我国高校思想政治教育工作中它却一直是一个盲区。随着我国市场经济体制的建立和迅猛发展，近些年来，大学生在学习、就业、情感、人际关系等方面出现了众多问题，犯罪、自杀现象时有发生并有上升趋势，大学生心理问题日渐凸显，引起人们对生命教育的认识和重视。那么，如何有效地在大学生中开展生命教育，既是落实以人为本的科学发展观和构建社会主义和谐社会的必然要求，也是学校教育特别是高校思想政治教育的一项崭新课题。在高校大学生中开展生命教育，其内涵是帮助大学生认识生命，尊重生命，欣赏生命，珍惜生命，探索与认识生命的意义，尊重和珍惜生命的价值，热爱与发展每个人独特的生命，提高生命质量，创造生命价值，并将自己的生命融入社会主义现代化建设事业之中。

二、开展生命教育的必要性

（一）现实的需求

近年来，通过网络、手机及其他各种类型的媒体，可以看到一些大学校园内出现的自杀事件及刑事犯罪案件。发生这些事件、案件的原因在于学生在校园内可能会产生学业压力、人际关系压力、情感纠纷或经济压力等,甚至有些学生在校园内外部环境的作用下还会产生焦虑、抑郁等亚健康心理状态。

此外,一些学生在校园中可能还会因为一些矛盾引发一些过激行为,从而威胁自己和他人的生命健康,有时甚至还可能发生群体性事件。在校园这种比较封闭的环境中,如果无法有效疏导大学生的不良心理,就容易使学生产生轻生的念头。从以上角度来看,高校对大学生开展生命教育是一种非常现实的需要。

(二)教育的本质需求

教师在生命教育中,要引导学生正确看待自己和他人的生命,并认识到良好的生命发展过程还需要健康。现代化的教育,需要培养出身体和心理都非常健康且具备良好社会适应能力的人才。大学生正处在人生发展的重要阶段,且尚不具备完全成熟的心理,很容易产生心理波动。学生从自己熟悉的家庭环境来到陌生的学校环境后,很容易在心理上产生一些不适应。大学作为一个比较封闭的管理空间也具备一定的社会性特点,学生在求学期间需要正确处理自身与教师、同学之间的关系,并不断对自身的心态进行调节,从而更好地适应新的生活。学生在这一过程中遭遇一些挫折或产生一些心理上的不适应,都属于正常现象,因此,开展生命教育引导学生正确认识自己与社会的关系,并做到珍爱自己的生命和健康,自然成为现代教育的本质需求。

(三)促进学生健康成长的需求

当前,有心理亚健康状态的大学生并不少见。在传统的教育模式下,学校总是在引导学生掌握各种专业技术能力上多下功夫,很少对学生的心理健康水平予以关注。但是,倘若无法正确处理大学生的心理健康问题,将会在很大程度上危害大学生的健康成长。所以,在当前的时代背景下,高校应该通过开展生命教育,引导大学生正确处理心理压力,确保自身的健康成长。

(四)提升学生社会适应能力的需求

大学生在校园生活中需要承担学业压力、人际关系压力、就业压力、人生规划方面的压力等,同时,互联网时代的飞速发展使各种信息不断涌入人们的生活并产生深远的影响,甚至有些思想和观点还会对大学生产生比较严重的干扰。在这个信息大爆炸的时代,学生容易受到其中一些不良信息的影响而产生比较浮躁的心态,进而影响到自身的身心健康。而在大学开展生命教育,可以让学生从全局出发来理解生命发展和进步的过程,而不是根据眼前的得失来判断自己的成败。也就是说，大学生一旦树立正确的生命观，就可以更好地调节自己的心态，并正确应对生活中遭遇的各种挫折和不顺，进而提升自己的社会适应能力。事实上，现代高等教育也应该从这一层面出发，引导学生形成健康、积极的心理，进而更好地适应社会。

三、大学生生命教育的内容

（一）敬畏生命的教育

马克思强调有生命的个体的存在是创造人类任何历史的前提。人的肉体生命在人的生命维度中是处于第一位的，是人的生命的物质基础。因此，引导大学生敬畏生命是新时代高校大学生生命教育各项工作开展的基础，新时代高校大学生生命教育要把引导大学生敬畏生命始终作为基础性工作来对待。其主要内容包括以下 3 个方面。

1. 珍视自我生命的教育

大学生生命教育要引导大学生珍视自己的生命，首先要唤醒大学生的自我生命意识，而只有让大学生认识到生命的唯一性和不可重复性才能唤醒大学生的生命意识。要让学生从内心体验到我们每个人的生命都是唯一且不可重复的，生命对于每个人来说都只有一次，不仅要从生物规律方面来给学生普及生命的不可重复性，最重要的是要从情感上认可我们生命的唯一性和不可逆性。

此外，引导大学生学会悦纳自我生命必须成为大学生生命教育的一项重要内容。进入大学后，大学生除了关注学习成绩之外，家庭条件、综合素质、见识眼界等各方面都会引起大家的关注，大学生群体间的人际交往，情感恋爱，社会交往充斥着大学生活，一些攀比之风在大学生群体间兴起。盲目的攀比容易造成现实的我与理想的我发生激烈的冲突，长此以往就会出现想要摆脱现实的我的想法，由此做出伤害自己生命的行为。因此，要对大学生进行自我生命悦纳认同的教育，只有坦然接受自我生命的优点与不足，才能真正地珍惜与爱护自己的生命。

2. 尊重他人（物）生命的教育

大学生生命教育要引导大学生处理好自我生命与他人（物）生命的关系，做到平等地对待万物的生命。这就要求大学生的生命教育要引导大学生敬畏他人（物）的生命，尊重他人（物）的生命。生命之间是平等的，一切生命都应该平等地被人对待，包括平等对待动物、植物的生命。大学生出现伤害他人生命的行为并不少见，此外大学生虐猫、虐狗等新闻已经屡见不鲜。所以，必须正确地引导大学生尊重和敬畏他人（物）的生命。

3. 死亡教育

在这个纷繁复杂的时代，要唤醒大学生的生命意识，便不能不引导大学生"向死而生"，不能不引导大学生充分了解死亡。死亡教育的目标不仅是让学生能够以科学的态度面对死亡，接受死亡是人类正常的生命历程，而且还要引导学生"向死而生"，要让学生从对死亡的感知上认识到生命的有限性，从而促进学生敬畏生命，激发学生对于生命的尊重。

进入 21 世纪，特别是 2020 年以来，全球范围内的人们都无法回避死亡这一话题，全球因新冠肺炎而死亡的人数超过 280 万。死亡成为我们每个人都必须直面的话题。如何在全社会培养人们对于生与死的正确理解和认知，提高国民心理素质和精神力量必须是生命教育需要思考的问题。所以，高校的生命教育必须肩负起对大学生进行死亡教育的任务，引导大学生在认知上正确理解死亡，认识生命的有限性和不可逆性，最终促使大学生更加珍惜生命，更加敬畏生命。

（二）生命幸福观的教育

人的生命，无论是关怀生命的存在，还是重视生命的创造，终究都是追求人生的幸福和生命的幸福。新时代的大学生欠缺对生命的幸福的反思，但内心又非常渴望能够获得幸福，从未停止过对生命的幸福的追求。因此，非常有必要对大学生进行生命幸福观教育。通过生命教育，可以帮助大学生塑造正确的生命幸福观，即引导新时代的大学生在重视追求物质幸福的同时，不能忽略对精神幸福的满足；即引导大学生在追求个人幸福的过程中，要注重与社会幸福、国家幸福、人民幸福的统一与协调，就是要学会享受和创造幸福并举。毕竟，生命的幸福归根结底是对价值的追求。只有坚持不懈地追求价值，才能为我们提供永久的幸福感。总体来讲，大学生生命幸福观的教育旨在引导大学生在为全人类的幸福事业奉献自己力量的过程中感受生命存在和生命创造的幸福。

（三）应对挫折的教育

2020 年 12 月 9 日，教育部就政协所提出的《关于加强高校学生挫折教育的提案》进行了答复。在教育部的答复中，充分肯定了在新时代、新形势下高校加强挫折教育的必要性与紧迫性，对高校开展挫折教育以促进大学生全面发展、成长成才的重要意义给予了高度肯定。习近平总书记也曾强调大学生要正确对待一时的成败得失，不要遇到挫折就丧失了斗志。这表明我们国家从国家层面开始重视对大学生的挫折教育。从身处新形势下的大学生的自身情况来看，挫折教育的开展非常必要且急切。成长于新形势下的大学生，新时代于他们而言，既是充满无限机遇和无限可能的时代，也是充满激烈挑战的时代，在"危"与"机"并存的多元化时代，如何在面对挫折时能够做到不怕困难、永不气馁，如何在不断战胜各种挫折后，依然能够肩负起伟大的历史使命和责任，这事关国家的长远发展。所以，高校大学生的生命教育必须重视挫折教育。教育者要引导大学生面对现实，接受挫折。正确认识挫折，学会正确归因。不断增强心理韧性，面对不同的生存环境，要使学生辩证地认识挫折，这样才能使生活变得更美好。

（四）生命担当的教育

党的十八大以来，培育青年的责任与担当成为各方关注的一个焦点。习近平总书记在纪念五四运动一百周年大会上，明确提出青年作为时代发展所需的后备人才，要积极担当时代责任。在党的十九大报告中，习近平总书记又强调了青年勇于担当和敢于担当，对于国家和民族前途的重大意义。进入新时代，我们国家的建设与发展对于人才的渴望非常强烈。大学生是新时代青年群体中的佼佼者，所以大学生在享受时代带来的难得的机遇与优越的条件同时，必须担当起时代的责任，担当起时代的伟大使命。因此，高校的生命教育要在以往对生命存在的重视的基础上，更加注重对大学生的生命担当意识与生命担当能力的培养，让大学生自觉承担新时代国家繁荣和民族复兴的伟大任务，在基层岗位与创新创业一线发光发热。高校的生命教育要引导大学生在积极担当国家、民族和社会责任的过程中寻求生命的幸福所在，实现生命的价值。

四、大学生生命教育的原则与方法

（一）大学生生命教育的原则

大学生生命教育的原则能够帮助高校的生命教育找到正确的发展方向。思想决定行为，只有具备正确的生命教育原则，才能达到更好的生命教育效果。生命教育是促进大学生生命全面发展的教育，所以生命教育不能仅仅是救治性教育、理论性教育、整体性教育，也应该是发展性教育、实践性教育、个体性教育，以救治性教育与发展性教育相结合、理论性教育与实践性教育相结合、整体性教育与个体性教育相结合作为生命教育的原则，使生命教育不仅着眼于解决大学生普遍存在的一些生命问题，还要着眼于大学生的全面发展，引导大学生在认知自我、完善自我的过程中不断提升生命的境界。

1. 救治性教育与发展性教育相结合

生命教育的两个层次分别是救治性教育与发展性教育。所谓救治性教育，主要是针对自然生命的健康而言；所谓发展性教育，则是主要针对社会生命与精神生命的成长而言，救治性教育与发展性教育相结合就意味着生命教育是全人教育，既要对自然生命的教育予以涵盖，又要对社会生命与精神生命的教育予以重视。

通常来讲，当生命出现危机时，对生命施展救治至关重要，比如，澳大利亚的生命教育就是基于青少年吸毒并死于吸毒这一社会问题提出的，其生命教育的宗旨就是"预防药物滥用、暴力与艾滋病"。由此可见，对生命问题的救治性教育可以说是生命教育的第一层次，这也是生命教育的根基，是保护自然生命不受伤害的教育。然而，这也导致一些人误认为生命教育仅仅是关注生命本身的教育，其主要目的在于对生命的生存和保障生命的安全进行维护，对出现的生命问题进行救治，而不是促进人的生命发展。尽管这一层次的生命教育所蕴含的意义十分重要，却掩盖且遮蔽了生命教育独特的光芒和价值，容易使生命教育走向肤浅化、庸俗化，甚至是走向反面。同时，这也不符合推动大学生生命全面性、立体化的发展要求，忽视了大学生社会生命和精神生命的成长，大学生正处于从"学校人""社会人"转变的关键时期，且大学的课程安排使大学生拥有更多发展自身的时间和精力，因此，大学阶段的生命教育与其他学段相比，更需要从针对生命问题的救治性教育走向关注社会成长和精神需求的发展性教育，即从关注自然生命健康的教育走向促进社会生命和精神生命发展的教育，这也就促进了生命教育从第一层次向第二层次的发展。

生命教育的第二个层次体现了生命教育的本质，南京师范大学教授冯建军认为生命教育是"生命化教育"或"生命视野中的教育"，生命教育应是能够完善生命并促进生命气息迸发的教育，"教育应该引导人去主动认识、追求真善美的意义，使人在意志体验追求中肯定自我，完善自我，不断提升生命质量，实现人生社会价值和自我意义的融合。"可见，生命教育能够引导学生主动追寻生命的幸福与美好，让学生在繁华喧嚣的生活中依然宁静致远、才智清明。由此可知，对生命问题的救治性教育只能治标却不能治本，而关注社会成长和精神需求的发展性教育才是可以治本的教育，它可以使学生实现全面发展，成为富有创造力和生命力的人。因此，为了取得更好的教育效果，应该将针对生命问题的救治性教育与关注社会成长和精神需求的发展性教育相结合。

2. 理论性教育与实践性教育相结合

一门学科的理论研究是其能够顺利建立和健康发展的外部条件，生命教育也是如此。生命教育研究领域存在大量的理论探讨与研究，生命教育课堂是实施这些理论研究的重要载体，因此生命教育的课堂教学在教学整体过程中占据了较大的比重，无论是引导学生珍惜生命、尊重生命、热爱生命，还是帮助学生发现生命的潜能、探索生命的意义、理解人生的苦难，这些内容大多都是在课堂上以理论知识传授的方式进行的，这导致许多人误认为生命教育是一种单纯传授生命知识的理论性教育。但是发展生命、促进大学生的成长才是生命教育的最终目的，生命知识只是促进生命成长的手段。

生命成长不仅包括自然生命的成长，还包括社会生命和精神生命的成长，其中，大学生自然生命的成长可以通过普及和宣传生命健康知识和生命安全知识得到基本保障，然而针对影响生命安全健康的自然灾害、事故灾害等突发事件的教育依然需要依靠实践才能够切实提高大学生的自救能力。大学生社会生命主要是在个人与社会相互依存、相互制约、相互促进的关系中得以成长和发展的，对于社会生命的成长而言，在现实生活中的实践和体验才是其重要途径，理论性教育对社会生命的成长只能起到辅助作用。大学生精神生命的成长主要涉及情感、态度和价值观等精神层面的问题，这是仅依靠理论性教育很难达到的层次，只有在体验和实践中切身感受到了心灵的冲击和灵魂的震撼，才能够达到最终的教育效果。

所以，生命教育不仅仅是对理论知识进行传授的教育，也不能单纯地借助语言、知识和课堂开展生命教育，更多地应该依靠体验和实践。生命教育既要向大学生传授生命理论知识，又要注重实践和体验环节的重要作用，必须开展一系列旨在提高大学生生存技能、身心素质、社会适应能力的实践教育活动，引导大学生在实践和体验中促进自身自然生命、社会生命、精神生命的成长，实现生命知、情、意、行的统一。

3. 整体性教育与个体性教育相结合

每一个人都要回答"人为什么活着""人怎样才能活着""人怎样活出生命的意义"，而生命教育恰好能帮助人们解答这些问题，进而引导人们实现生命的发展，从"活着"到"活好"，再到"活美"，成为最好的自己。因此生命教育是面向全体的整体性教育，甚至从广义上来说，不仅仅大学生需要生命教育，每个人都需要生命教育，虽然大学生是生命教育的重要对象，但是生命教育不仅仅是关注某一特殊群体的教育，而是面向社会上全体群众的教育。本书讨论的是大学生的生命教育，因此在这里面向全体的整体性教育特指面向所有大学生的生命教育，其主要目的在于引导大学生坚持全面发展，拥有生存与发展的物质条件、丰富的社会关系以及充实的精神生活。

然而，生命教育也是关注特殊的个体性教育，因为面向全体的整体性教育并不能对学生的具体问题和需求对症下药。因此，应该善于发现学生的身心差异，根据每个人的个性开展生命教育。

纵向而言，需要从大学生不同成长阶段的特殊需求出发，分阶段、有重点地开展生命教育，切实帮助大学生解决现实问题。对于刚入学的大一新生来说，最突出的问题就是对于生活的不适应，由于环境的变化，大学生很难将状态及时转变为适合在大学校园中生活的状态，在学习、交友等方面更容易受挫，严重者甚至可能引发心理问题，因此，对于大一新生来说应该主要开展关于自然生命的教育，着重引导大学生正确认识自我，有效管理情绪，以健康的身体迎接大学生活的挑战和机遇。对于大二大三的学生来说，他们已经逐步适应了大学生活，开始把握每一个成长的机会，试图尝试新鲜且美好的事物，此时的生命教育应该以精神生命的成长为重，辅之以社会生命的成长。一方面，着重引导大学生精神生命的成长。可以说，大二大三是大学生大量汲取知识并迅速成长的重要阶段，是可塑性极强的成长阶段，因而生命教育应积极引导大学生探求生命的意义和价值，确立正确的生命信仰，实现精神生命的求真、向善、崇美。另一方面，引导大学生社会生命的成长。大学生最终都会走入社会，在社会中扮演着一定的角色，承担着一定的责任，虽然在大二大三这一阶段，就业还没有成为大学生的主要任务，但可以进行一些铺垫性的教育。对于大四毕业生来说，毕业和就业就成了他们这一阶段的头等大事，因而生命教育应将发展社会生命和发展精神生命并重，帮助大学生找到不仅仅局限于谋生，而是在谋生的基础上能够继续促进自身发展、符合自己理想信念的职业，从而在未来的职业发展中感受到生命的意义和价值。

横向而言，需要明确到个体，对具体的个人施展指向性的生命教育。一方面，对生命发展出现问题的大学生施加针对性的生命教育。比如，对出现网络成瘾、校园暴力、生命意义迷茫、生命价值困惑、精神空虚等问题的大学生，进行有的放矢地教育，有目的地帮助大学生解决生命困顿，重拾生命的力量与美好。另一方面，额外关注大学生中的弱势群体。比如，家庭贫困的学生、受其他人霸凌的学生等，因为这些弱势群体相较而言更容易出现生命危机，因此要对其加以特殊关照，保障他们健康快乐的成长。可见，大学生的个性化决定大学生生命教育不能一刀切，而是应该根据每个学生的成长经历、认知特点、性格特征、个体需求，因材施教、对症下药，提供具有针对性的生命教育方案。

（二）大学生生命教育的目标

大学生生命教育的目标，即要达到的目的所在。大学生生命教育的目标是要引导大学生在珍惜生命的存在的基础上，不断提升自我生命质量，积极创造生命的价值。

1. 珍惜生命的存在

从理论上来看，人的自然生命是处于第一位的，是提升精神生命、实现社会生命的基础。从实践上来看，进入新时代，大学生普遍具有强烈的珍惜生命的意识，总体上能够做到珍惜自我与敬畏他人生命的存在。但是近年来，大学生无视生命的现象仍然存在于大学生群体中，伤害自己生命或者他人生命的事件屡见报端。因此，不管是从理论上来看，还是从现实上来看，大学生生命教育都必须以引导大学生珍惜生命的存在为第一要务，也必须把引导大学生珍惜生命始终作为各项工作的基础性目标。

2. 提升生命的质量

随着社会的发展，国家的教育战略也发生了变化，这主要体现在国家更加注重教育的质量方面。重视教育质量成为新时期教育的战略主题，而提高教育的质量的核心终究还是提升学生的生命质量。

3. 创造生命的价值

进入新时代，大学生生命教育终极目标是要引导大学生群体积极创造生命的价值，引导大学生将个人生命价值的创造融入社会发展的进程中。在新时代，就是要把个人生命发展融入中华民族的伟大复兴的进程中，以创造生命价值。首先，新时代的大学生要肩负起时代的使命，必须要树立远大的生命理想。为此，大学生生命教育要引导大学生把个人理想和伟大的中国梦统一起来，才能彰显新时代大学生为国为民的现实关切。其次，伟大理想的实现需要坚定的信念作为支撑。理想是灯塔，而信念则是通往理想的帆船。最后，大学生还需增强自身本领以创造更大的价值。习近平总书记在多个场合强调青年要练就硬本领。所以，新时代的大学生除了坚定理想和信念，还需要练就过硬的本领，才能投身于中国特色社会主义伟大实践，才能创造更大的生命价值。

（三）大学生生命教育的方法

1. 咨询辅导法

咨询辅导法是教育者将思想政治教学中的咨询辅导引入生命教育之中，运用马克思主义生命观等生命教育的相关理论知识，以沟通交流的形式，有针对性地对受教育者的生命状态和行为表现进行疏通和引导，从而影响其认知、情感、态度，顺利解决大学生在生命发展过程中遇到的生命困惑的一种教育方法。随着生活节奏的加快，焦虑、烦躁成为大学生的日常状态，加之大学生还面临来自学习、工作、生活等各方面的压力和挫折，如果没有对这些问题及时进行疏导，轻则引发各种心理障碍和生命困顿，重则导致自杀结束自己的生命。而咨询辅导法正是解决大学生生命问题、维护大学生心理健康的重要手段，它能够一定程度上消除大学生的生命困惑和心理压力，帮助大学生以积极向上的生命状态面对生活中的机遇和挑战，避免大学生以极端、错误的方法解决问题。大学生生命教育想要充分合理地运用咨询辅导法，在具体操作层面，可以从以下3个方面入手。

第一，丰富咨询辅导载体，引导大学生在遇到生命困惑时主动寻求帮助，增强咨询辅导的效果。传统的咨询辅导以面对面咨询为主，但是每个人都有自己不想为人所知的痛苦和烦恼，如果被咨询者没有和咨询者建立起良好的信任关系，咨询者就可能会在交流中有所保留，而且对于本身就有生命困惑的咨询者来说，他们或许会因为面对面沟通的压力而无法鼓起勇气主动寻求外界的帮助，从而使自己始终被困在阴暗的角落。因此，可以开设咨询辅导热线、咨询辅导信箱、网络咨询辅导，通过电话、写信、网络的方式顺利开展咨询辅导工作，一定程度上可以消除大学生的心理顾虑，引导大学生敞开心扉，正视自己的生命困惑和烦恼，释放自己的心理压力，从而顺利解决大学生的生命问题。

第二，启用朋辈咨询辅导，切实贴近大学生的生命问题，增强咨询辅导的质量。当咨询双方的地位更加民主和平等时，咨询者往往更愿意敞开心扉，他们的生命困惑和心理问题也随之能得到更好地解决。因此，可以引进朋辈进行咨询辅导工作，选取适合做咨询辅导工作的学生担任这项工作。因为咨询者和被咨询者的年龄、成长经历、生活方式等较为接近，因而他们的生命困惑也同样具有一定的相似性，能够在沟通和交流中更加具有同理心和共情力，更能从大学生自身的角度设身处地地为咨询者提供建议和意见，切实解决大学生的生命问题。

第三，开展群体咨询辅导，解决大学生具有普遍性和规律性的生命困惑，增强咨询辅导的效率。常见的咨询辅导是以个体为单位的一对一的咨询辅导，这种方式可以更精准地把握咨询者的生命困惑和心理问题，但是效率相对较低。可以开展团体咨询辅导，在充分调查和了解之后，挑选出大学生带有共性的生命问题，如生命意义缺失、生命价值迷茫、生存压力大等。集中对大学生开展生命教育，对大学生常见的生命问题进行预防、开导和疏通，帮助大学生有效调节生命状态，实现自我领悟和成长，重新找到生命的力量。

2. 经典诵读法

"经典是生命文化，是性情文化，是与科技的文化、大众的文化、功利的文化相对立的，是以人生、人心、人道、人本为中心的人文文化。"通过我们对经典下的定义可知，在此讨论的经典不是国学经典下面的附属概念，而是只要展现出深刻的思想内涵和人文精神的作品都可以被称为经典，这其中尤其突出马克思主义经典文献在生命教育中的思想引领作用。经典诵读法是通过对这些经典文本的阅读、理解和体悟，提升自身修养以及生命感悟的一种教育方法。

青年时期是智力因素发展和抽象思维能力提高的重要时期，此时大学生的求知欲望强烈，认知能力增强，其思维的独立性、批判性和创造性都大幅得到提升，正是以哲学经典滋养生命的关键阶段。经典中蕴藏着哲学大师和思想大家们的宝贵文化财富，其中包含着对生命、人类本质和社会生活的探寻，而这些可以通过不断地诵读来对大学生起到一种潜移默化的感染作用。

比如，马克思在《关于费尔巴哈的提纲》一文中提出的人的社会性本质思想，列宁在《党的组织和党的文学》中为千千万万的劳动人民和国家未来服务的理想，卢梭在《爱弥儿》中对自由、理性、善良的向往，《论语》中重视生命、杀身成仁的生命思想，《老子》和《庄子》中重人贵生、生死自然的生命思想，以及中国古代思想家诸如"穷则独善其身，达则兼济天下""天下兴亡，匹夫有责""为天地立心，为生民立命，为往圣继绝学，为万世开太平"等重要的关于社会情怀的诗篇和著作，引导着大学生以经典为鉴，效仿先贤，在学习中思考生命、体认生活，树立积极健康的生命观，不断促进自身社会生命和精神生命的成长。

大学生生命教育要对经典诵读法进行充分利用，需要注重以下两点：首先，选择有代表性的中国传统优秀文化经典、马克思主义经典著作、西方优秀经典著作，并进行相应的诵读和解析。对于经典内容的选择要富有生命关怀和社会意识，可以促进大学生社会层面和精神层面的成长，不仅能够体现经典，而且还要与大学生的切实需要和喜好相符，从而引导大学生积极主动地对经典进行诵读。

其次，不仅在课堂中使用经典诵读法，而且还要在全校应用这一方法，打造书香校园，将经典诵读的活动常态化、系列化，并鼓励成立相关的社团，突出高校校园文化鲜明的人文性特征，以"润物细无声"的方式对文化经典进行体会，并对生命和人生进行感悟。通过经典诵读法，大学生能够了解哲学大师和思想大家们对于人类生命本质和社会生活发展的诠释和思考，以诵读的方式与他们进行交流对话，而后将他们的思想滋养和回馈自身，从而达成自身生命成长的效果。

3. 实践教育法

所谓实践教育法，是基于生命理论的指导，通过组织和引导大学生参与各种实践活动，使他们的思想觉悟水平和认识能力不断提高的一种教育方法。调查发现，在以教师教授为教育方法的课堂中，学生的记住率为5%；而在以学生实践为教育方法的课堂中，学生的记住率为70%。大学生对于生命，特别是社会生命的认知和理解不可能凭空产生，只有通过实践活动从外部对学生施加影响，才能达到最佳的教育效果。而且只有在实践中，才能逐渐形成和拓展社会关系。而这种社会关系的拓展和扩大，即人与人的关系，可以通过相互依存、相互制约、相互促进的方式推动大学生社会生命的成长和发展，这对即将步入社会的大学生来讲是十分重要的。所以，实践教育法是促进大学生社会生命成长的一种最重要的方法。通常来讲，实践教育法常用的方式主要有社会实践和志愿服务两种方式。

五、大学生生命教育的实践路径

（一）创新大学生生命教育课程内容及教学模式

第一，实现大学生生命教育课程体系的国家课程标准建设，致力于开发具有新时代特征的中国特色大学生生命教育课程标准。全国统一生命教育的课程目标、课程定位和内容体系，同时推出大学生生命教育的精品课程、精品教材，形成富有战斗力的教师队伍。通过学科间的交叉渗透，对大学生进行生命价值观教育，挖掘和利用德育、体育、美育等不同学科中显性和隐性的生命教育内容，实现学科之间的优势互补，使大学生站在不同学科的角度去理解生命教育。

第二，在整个教育过程中贯穿生命教育课程。由于我国的儿童、青少年在成长过程中缺少生命教育，导致儿童、青少年到大学阶段仍然不能充分认识到生命的重要性。在大学阶段设置专门的生命教育课，不仅可以弥补过去生命教育的缺失，而且还可以在大学生人生观、价值观教育的过程中植入生命教育的系统知识。从认识自然界中的生命现象开始，到培养自我保护技能和应对灾害能力，再到引导学生理解生命与死亡的意义,最终让大学生将生命的意义上升至实现生命人格完善的境界。

第三,各个高校应按照学校的自身特征、办学基础与条件,设置多样化的、专门的人生哲学、心理健康教育、生命伦理学、死亡哲学、生存哲学等生命教育课程,改变生命教育课程附属于其他课程的状态。借助学校自身特点与优势、地域特色、社会文化背景等,科学定位生命教育的内涵与要求。

(二)强化大学生课外实践活动的生命教育

丰富的课外实践活动载体不仅可以有效弥补生命教育课时少、实践少、内容不全面等不足之处,而且也是生命教育效果提升的重要因素。将生命教育尽可能地渗透于更多的教育场景及不同的社会环境,并将课外实践活动视为生命教育中完整独立的组成部分,以增加生命教育的教学实效。课外实践活动作为生命教育的重要载体,具有其他教学场景不可比拟的优势,大学生可以通过课外实践做一些敬畏和珍惜生命的活动,通过课外活动的实践来理解生命的价值和生命意义,帮助自己形成正确的生命观。在生命教育课外实践活动中,借助校史馆、植物园、博物馆、乡村劳动等教育资源,打造特色化的生命教育校本课程。同时,还可以通过大学社团实践活动为大学生提供化解生活和学业压力的渠道。

同时,以生命热点问题为核心进行课外实践活动,并在课外实践活动中关注大学生的兴趣、身体状态、安全等问题,不仅要对大学生个体生命教育需求的多样化特征加以把握,而且还要时刻对大学生行为举止的个体变化进行观察,以更好地对大学生的心理需求加以了解,并建立生命教育课外实践活动的动态数据库,形成大学生生命教育的动态分析系统,做好课外实践活动教育效果的评价和监督。要充分挖掘各类教育实践基地、公益性机构组织和当地的自然资源,拓展大学生防灾、急救、求生等技能的训练。结合新媒介、新技术、新方法丰富大学生生命教育的手段,变"单一课堂教学"为"多维实践活动"。

(三)构建"一主多元"的大学生生命教育体系

大学生的生命教育过程是与学校、政府、家庭、社会等多个利益相关者互动的过程,强调多个利益相关者多向度协商与合作,这是提高大学生生命教育效果的有效保障。构建以学校为主,以政府、社会、家庭等要素为多元的生命教育体系。生命教育是需要整合和发挥多方面主体力量的系统工程,而学校无疑是生命教育的主阵地。学校拥有大量的生命教育资源和实践活动项目,因此,要建设高质量的生命教育课程,普及与生命相关的知识。

同时，高校应搭建起家庭、教师、大学生一起分享生命知识、多边实践活动的平台。政府部门要成立与生命教育相关的机构，调动各类社会资源，促使行政资源最优化配置，形成引导大学生珍爱生命的政策基础。辅之以健全的法制环境，对家庭、学校、社会协同生命教育的全过程进行法律监督，明确家庭、学校、社会等各方主体的职责，参与大学生生命教育活动策略的设计与实施，切实为提高生命教育质量提供必要的政策保障。家长要承担起大学生生命教育的责任，创造大学生生命教育适宜的家庭环境。家长在日常生活中，要引导大学生向更积极、更健康的生活方式迈进，传递正向信息。利用动机激励、家庭信仰等因素干预大学生的生命教育过程，引导大学生形成珍爱生命的内部动因。

与此同时，家长要与学校建立联络机制，时刻对大学生的心理健康状况加以关注，帮助学校制定与大学生自身心理调节相适应的方案和计划。对于大学生的生命教育来讲，社会舆论导向至关重要。要对新媒体的传播功能进行充分利用，将生命教育引入媒体平台，以大学生喜闻乐见和易于接受的方式引导大学生树立科学的生命价值观。全社会要多开展积极的教育活动，在全社会形成大学生有纪律、讲责任、强体魄的氛围，这会提高大学生对热爱生命、尊重生命的认同度，更能保证大学生持续传递正能量的良性发展态势。发动社会公益组织、市场、媒体等社会力量为大学生提供健康咨询、疾病防治等志愿服务，将生命教育贯穿于各种社会活动之中，使大学生生活在一个健康的社会环境中，对大学生进行多层次、全方位的生命教育，形成全社会配合的教育体系，为大学生生命教育事业的健康发展奠定坚实的基础。

第二节　大学生诚信教育

一、大学生诚信教育的意义

（一）有助于大学生塑造健全人格

人格是指个体在适应社会过程中，对人、对事、对己等在行为上所体现的内部倾向性和心理特征，是由先天遗传与后天塑造形成的，能代表个性特点的性格、品德以及由此形成的尊严、魅力等。大学生塑造健全人格需要他们将诚信人格纳入自己的人格体系。诚信是人与人和谐交往的基本准则，是人格培养的核心和起点。当代大学生多为"00后"，而且独生子女比例较大，在成长过程中容易养成处处以自我为中心的不良习惯。他们的生活经历简单，理性思辨和分析能力不足，容易受一些社会消极现象误导，过分追求个人名利而少了一些社会责任担当，诚信缺失的行为正是他们人格不健全的体现。新时代青年应是具备完善人格的人，诚信教育可以帮助大学生实现诚信规范从他律向自律的转化，做一个真挚、真诚、真切的诚信之人，进而塑造健全的人格。

（二）有助于社会主义和谐社会的建设

诚信在社会发展中起着举足轻重的作用，是社会稳定和谐的基石与纽带。诚信是社会道德的基础，是个人安身立命的根本，人与人之间以诚相待、和谐相处，才能营造一个和谐良好的社会风气。诚信是社会存续发展的基础，是为政治国的基本原则，社会长治久安，离不开为政者以诚待人、率先垂范，离不开政府取信于民，诚信是社会发展的重要因素。诚信教育是高校素质教育的关键所在，大学生的诚信状况将对社会的经济和秩序产生直接影响，在很大程度上影响了和谐社会的建设。诚信教育可以提升大学生的精神境界和道德修养，将诚信融入其自身的发展，使其养成诚信行为和习惯，促进人与人之间的和谐相处，帮助大学生更好地融入社会，以诚为本、以信待人，通过自身的诚信修养影响身边的人，促进良好社会风气的形成，建设和谐社会。大学生诚信习惯的养成，有利于促进全社会诚信社会风气和氛围的形成，是构建和谐社会的有力保障。

（三）有助于大学生传承中华优秀传统文化

从古至今，诚信就是圣贤所推崇的高尚品德，它的产生与中华优秀传统文化的孕育是分不开的，"诚"和"信"不仅体现了中华民族的传统美德，更蕴含着中华民族"根"与"魂"的精神内涵。诚信是君子的"立身之本""进德修业之本"，历来被君子视为重于生命，认为"承诺重于泰山，信誉高于生命"。自先秦时期"诚"就已体现了特定的伦理原则和人的品性；而在儒家思想中，更是将"信"视为重要的道德规范。

在中华五千多年的历史长河中，以诚实守信为主题的典故比比皆是，如"人而无信，不知其可也"、"一言既出，驷马难追"、"一诺千金"、宋濂连夜抄书等，都说明了诚信在古代道德修养中占据着重要地位。以传承和创新中华优秀传统诚信文化为载体开展诚信教育，不但可以塑造大学生的人品，还可以继承和发扬中华优秀传统文化的精华，弘扬传统文化中的精神内涵，让大学生成为传承和创新中华优秀传统文化的践行者，把他们培养成"社会主义事业合格的建设者和可靠的接班人"。

（四）有助于大学生践行社会主义核心价值观

在社会主义核心价值观中，诚信既是公民的基本道德规范，更是评价公民道德行为的基本价值标准。在回答"培养什么人"的问题时，习近平总书记在2018年9月10日召开的全国教育大会上指出，要"培养德智体美劳全面发展的社会主义建设者和接班人"。

作为新时代中国特色社会主义的建设者和接班人，人生观和价值观的正确树立对大学生遵循主流价值观念，坚定"四个自信"具有重要的作用。当代大学生思想活跃，在成长过程中容易受到社会上、影视剧中功利主义、拜金主义、享乐主义以及极端个人主义等价值观的影响，这些不正确的价值观容易对大学生起到逆向的引导作用。《社会信用体系建设规划纲要（2014—2020年）》（国发〔2014〕21号）指出，"诚信教育与诚信文化建设……，是社会主义核心价值体系建设的重要内容"，要"加强学生诚信教育，培养诚实守信良好习惯，为提高全民族诚信素质奠定基础"。诚信教育帮助大学生树立正确的世界观、人生观和价值观，使他们自觉践行社会主义核心价值观。诚信是社会主义核心价值观的基本要素，也是中国特色社会主义的道德基础。通过诚信教育，可以塑造大学生的诚信品格，夯实核心价值观的基础，增强大学生的诚信意识，使大学生从心里认同核心价值观，由内而外，不做表面功夫，真正做到知行合一，以诚信践行社会主义核心价值观。

二、大学生诚信教育存在的问题

（一）大学生诚信现状

1. 政治诚信缺失

政治理论学习流于形式，部分大学生不甚了解习近平新时代中国特色社会主义思想的深刻内涵，少数学生入党动机不纯，入党是为了好就业，或是将入党作为彰显自己能力的炫耀，满足自己的虚荣心，这与全心全意为人民服务的正确入党动机格格不入。加入党组织后，学生党员的先锋模范作用没有发挥出来，宗旨意识弱化。

2. 学习诚信缺失

就具体情况来说，学生作弊现象时有发生，甚至连一些平时比较优秀的学生也有过作弊行为，这一现象使得其他学生的学习更加缺乏自主性，并且将作弊作为应付考试的一种手段。除此之外，面对日常作业、毕业论文等，很多学生都从网上收集答案，缺乏独立思考和探究的精神。从这些行为可以看出学生的投机与敷衍，而且这种现象对学生学业成就的含金量会产生不良影响。

3. 生活诚信缺失

就这一方面而言，具体体现在学生虚构信息进而获得国家与学校的补助、向他人借钱不还等。不仅如此，学生生活失信还表现在参与集体活动和业余活动等方面，前者主要是不能遵守自己的承诺，如直接不参加或者晚到；后者则是通过不公平的手段牟取利益等。这些行为的存在使大学生的人品受到质疑，引发周边人对他们的反感，甚至会产生较大矛盾。

4. 还款诚信缺失

随着经济的不断发展，国家对教育越来越重视，推出了助学贷款项目，主要目的就是支持贫困生更好地完成学业。不过就具体实施情况来看，当前大学生借款违约率较高，导致银行与多家高校停止这方面的合作。我国助学贷款业务发起于1999年，支持很多贫困大学生完成了学业。不过一些大学生在毕业之后，对于国家助学还款并不是很重视，觉得即便自己不还款也没什么太大影响，这一态度直接加剧了贷款违约率的提高。

5. 交往诚信缺失

大学生在人际交往方面出现的诚信问题表现为人际关系虚假、冷漠；恋爱态度不端正，恋人交往态度不严肃；做人不真诚，夸大个人能力，借钱不还，借物不归等。随着互联网融入大学生的学习生活，虚拟的网络交际冲击了部分学生的人生观与价值观，隐瞒信息、欺诈等不诚信行为时有发生，一些学生以虚拟身份在网络上发布虚假信息、发送计算机病毒，触碰了法律底线，造成了恶劣影响。

6. 就业诚信缺失

在当今社会就业形势日益严峻的形势下，一些刚毕业的大学生为了获得更多的机会，为了拥有一份满意的工作，想方设法在求职简历上添油加醋进行美化，比如杜撰班干部、学生会和社团干部的任职经历，捏造社会实践和实习经历，编造各种没有的荣誉证书，伪造学习成绩，购买各种资格证书、等级证书等。除了美化简历、面试造假外，个别学生在求职过程中合约意思淡薄，说话做事出尔反尔，签好的就业协议随意毁约，就业过程中诚信缺失事件时有发生。大学生在就业市场中不遵循诚信准则，不仅浪费用人单位的人力、物力和财力，更重要的是对学校名誉、大学生自身名誉都会带来很不好的影响，企业对学生的不诚信归结于学校的培养，甚至以后都不会再来该校招聘了，严重影响企业校园招聘的热情。

7. 经济诚信缺失

部分高校大学生经济诚信缺失主要体现在填写和上报虚假家庭经济信息和自身真实情况以争取奖学金和助学金、拖欠助学贷款和透支信用卡后不能按时还款等。目前，我国已经建立了一套完善的高校学生资助政策体系，这个体系包括国家助学金、国家励志奖学金、国家奖学金、国家助学贷款、师范生免费教育、勤工助学等多种"绿色通道"帮助家庭经济困难的学生接受高等教育，同时制定了高额有效的国家励志奖学金、国家奖学金、国家助学金等种类齐全的资助政策。少数大学生钻政策漏洞，开虚假贫困证明，一边骗取贫困补助，一边向家长索要学费和生活费，在学校盲目地超前消费、高消费、过度消费，既浪费了补助名额，又给身边同学带来不良影响和示范。这种超前消费一旦超出了自身经济承受能力就会使学生陷入债务的旋涡不能自拔，为了还钱宁肯饿肚子，或者拆东墙补西墙，甚至做出违法乱纪的事情。

除此之外，现在大学生只需凭借个人的身份证就可以轻而易举地从各大银行申请到信用卡，这种信用卡的消费是以大学生按时还款、遵守合约为前提的，但部分大学生不切实际、毫无节制的超前消费，一不小心就透支过度不能按时还钱，导致信用卡利滚利而背负沉重的债务，成为"卡奴"。还有些大学生想方设法恶意拖欠贷款，有钱也不按时还，以为时间一长就赖掉了，甚至与银行玩失踪，千方百计躲避还款。

（二）大学生诚信缺失的原因

1. 自身因素

当代大学生的诚信意识淡薄。大多数大学生对诚信都有最基本的认知，能够意识到诚信的重要性。然而，在现实生活中，大学生的行为与他们内心的原则并不完全一致，"知"与"行"相背离，不能将诚信意识变成实际的诚信行为。与此同时，由于其欠缺社会经验，明辨是非能力较弱，不能明确地认识到缺乏诚信造成的后果。

2. 家庭因素

家庭教育重智轻德，家长不能以身作则。生活中只关心孩子学习成绩排名及日常起居，对子女是否与同学相处融洽，有没有信守承诺、真诚待人等重视不够，忽略诚信教育，导致父母对孩子的诚信教育和监督的缺失，在一定程度上为孩子的诚信缺失留下了"滋生空间"。

与此同时，父母的言行举止会潜移默化地影响孩子的成长，父母的不诚信行为，会给孩子的人际交往及诚信观念的形成带来负面影响。有些父母太过于溺爱孩子，对孩子期望值过高，导致孩子在成长中缺乏吃苦耐劳的精神，且不愿与人分享，而父母对孩子的一些不文明失信行为也没有制止，对自己的一些失信行为不以为然。

3. 学校因素

学校因素主要包括两个方面：

一是高校诚信教育力度不够，缺乏有效引导。高校比较重视学生的基础课程和专业课程的学习，却忽视了对学生开展诚信教育；过于强调知识和技能的培养，却忽视了道德和素质教育。期末的学业考核成绩依据的是上课的出勤率和课堂的表现，不涉及大学生的诚信问题。诚信教育课程很少与学生平时生活密切相关的助学助贷、求职等方面相结合。

二是良好的校园诚信氛围缺失。高校关于大学生诚信建设的宣传内容较少。有些教师不能以身作则，学术上弄虚作假，给大学生带来了不诚信行为示范；有些大学生在学业上不诚信，却获得了荣誉，其他学生也会被这一环境所影响。

4. 社会因素

（1）社会环境的不良因素

社会环境是大学生价值观形成和行为习惯养成的重要外部因素。政治上，部分党员干部贪污腐败影响了其在人民群众心中的形象，也影响了部分大学生正确思想道德观念的形成。经济上，在市场经济条件下，劣币驱除良币的浮躁社会现象让大学生对于做人要讲诚信这一原则感到怀疑，如各类伪劣产品、疫情期间哄抬物价等，都不同程度地影响了大学生对道德观与价值观的认知，对大学生诚信价值观的树立起到了消极作用，形成了不良诚信示范。文化上，西方敌对势力不断地对我国进行文化渗透，通过电影电视、网络等各种方式企图改变当代大学生的世界观、人生观与价值观。同时，部分媒体的虚假报道、用人单位的暗箱操作等不良社会风气也给当代大学生"三观"的形成造成一定的负面影响。

（2）社会诚信体系不健全

我国的社会诚信体系还处于探索阶段，诚信奖惩机制还不完善，诚信管理法律法规滞后。《中华人民共和国民法典》《中华人民共和国反不正当竞争法》等法律法规中虽然有对诚信原则的相关表述,但专门针对诚信的法律法规的制定较滞后,不能及时防止社会中不诚信行为的发生。失信行为在一段时间内处于监管真空状态,专门针对大学生的诚信评价体系还未建立,这就导致许多大学生不诚信的行为时有发生。

(三) 大学生诚信教育需解决的问题

1. 应试教育弊端显现

2020年,时任教育部部长陈宝生在全国教育工作会议上强调,高等教育要在高质量内涵式发展上下功夫,大学生出现诚信心理问题的原因来自部分高校缺少大学生诚信管理体制。首当其冲表现为学术诚信中的侥幸心理,毕业论文、学术论文是大学生在校期间的一项考核内容,也是大学生学术能力的体现,近些年关于教师与学生的论文造假行为屡屡出现。2020年,受新冠疫情影响,全国各大高校均延期开学,在教育部和各高校严格的制度管理和体系约束下,仍有部分大学生抱有侥幸心理,不服从学校的管理,瞒报行程信息,未经同意私自返校。此类事件一经报道引起了全国人民的高度关注,在网络热搜词和词条中高居不下,关于大学生诚信缺失问题更是成了热烈讨论的话题。大学生出于侥幸心理的论文造假、无视学校管理要求私自返校,都能够看出部分大学生的诚信心理出现了严重问题。大学生的价值观念、行为方式、评判标准都是受诚信教育影响的重要外在因素,而大学阶段又是大学生理性思辨和分析选择能力养成的重要时期。高校应坚持以"立德树人"为本,将德智体美劳全面发展的理念作为人才培养的标准,培育大学生健康的诚信心理和诚信意识,要从根本上注重学生德育教育,提升德育教育的主体地位,这样才能解决大学生诚信缺失问题。

2. 社会不良风气加剧诚信危机

当前我国正处于社会转型时期,在公众视野中暴露出来的道德危机事件时有发生,其中以社会诚信危机事件最为突出。社会环境是影响大学生诚信的重要因素,从多角度对大学生诚信价值取向产生了多方面的影响。近年来,我国大型企业与公众人物的不诚信行为屡见不鲜,其不诚信行为一再冲击公众的道德底线。大学生思想观念行为片面化,正处于价值观念养成期,大企业与公众人物造成的负面新闻和连带效应会严重影响大学生的诚信观念,给大学生造成错误的行为诱导和树立"坏"的榜样,易造成效仿、跟风现象,在很大程度上影响了大学生的诚信品质。随着大学生人数的不断增加,就业难的问题更加严重,而大学生的就业观念也发生了较大变化，由原来的"从一而终""一步到位"转变为"先就业后择业"。

一些高校毕业生在就业过程中填报虚假信息、不遵守合约等行为，已成为制约学生发展的重要因素。求职是大学生步入社会、走向职场的第一步，在大学生求职的过程中，弄虚作假不仅是诚信上的一个污点，同时也是人生道路上的一个遗憾。就业压力大、就业形势严峻，加上人才市场制度规则的残缺，就业机会艰难、行业歧视等外部因素的影响，导致大学生离职、跳槽、违约等现象增加。

调查发现，45.9%的大学生表示社会上的不诚信风气是导致大学生群体出现诚信问题的重要原因。随着社会主义市场经济的日臻完善，部分大学生不同程度地出现理想信念迷离、价值取向错位、诚信意识欠缺的情况，受社会不良风气和个人本位主义思想的影响，大学生的诚信观念受到强烈冲击，诚信缺失现象严重。因此，唯有营造风清气正的社会氛围、树立道德典范、完善个人征信体系，才能促进诚信社会建设，为大学生营造一个良好的诚信环境。

3. 虚拟化网络环境为诚信缺失提供"庇护所"

随着互联网技术的成熟，网络文化逐渐融入大学生的生活，电子设备已成为学生必不可少的生活必需品，不再受时间、空间、地域的限制，学生既可以在互联网中收集到各类信息、发表个人观点、满足生活需求，也可以通过互联网进行购物、售货，实现商业用途。互联网提供便捷生活的同时，也滋生了诸多隐患，大学生网络诚信缺失已经成为理论研究的热点话题。一方面，大学生存在网络社交不诚信问题，网络偷窥、盗用他人信息、窃取他人成果的现象屡见不鲜。另一方面，大学生存在网络行为不诚信问题。由于网络具有虚拟性和隐蔽性，同时实名认证还未全民、全网普及，部分学生在网上肆意传播谣言和虚假信息，抹黑、人肉他人，为网络的健康诚信发展带来了不可预估的危害。大学生对于谣言的辨别和甄别能力较为薄弱，容易相信并传播不实言论，使谣言进一步扩散。由此可以看出，大学生网络诚信问题尤为严重，并且与网络风气建设息息相关，网络社交的不诚信、行为的不诚信无不将大学生推向网络失信的深渊。互联网的出现丰富了人们的生活，开阔了人们的视野，共享了资源，而网络世界存在的开放性和虚拟性为不良信息的传播和诚信缺失行为拓展了空间，提供了"庇护所"，网络风气建设的空缺严重影响了大学生的诚信观念。因此，只有营造良好的网络大环境，全力打击网络谣言、诈骗、侵权等不诚信行为，弘扬诚实守信的良好美德，才能为大学生诚信行为的培养提供平台。

三、完善大学生诚信教育的对策

（一）以大数据思维创新大学生诚信教育理念

思维创新是更高层次的创新，意识对物质具有能动作用。习近平总书记在北京市八一学校考察时提出，"基础教育是立德树人的事业，要旗帜鲜明加强思想政治教育、品德教育，加强社会主义核心价值观教育，引导学生自尊自信自立自强"，准确定位立德树人基本要求，抓住品德教育主线，以大数据全样本思维、相关思维和容错思维转变诚信培育思维模式，加强高校对德育的整体把握。

1. 以大数据思维拓展诚信教育多样化理念

（1）有利于落实"因类施教"的教学要求

随着互联网的兴起，出现了各类"第二课堂"，使得德育不再局限于教室课堂，而是可以完成线上同步教育。如今，高校各类公众号、微博推文就是最好的证明。合理运用大数据技术更可以实现真正的"因类施教"，计算机科学家吴恩达教授在斯坦福的课程便充分运用了数据挖掘技术。他开发了一个统计研究实验，以便"真实判断"课程论坛发帖是否有效。他选取的数据是，某一个在作业或考试中的错题，学生在阅读论坛教学帖子后，能够正确答题的学生比例。比如，在某门机器学习的课程中，很多学生将"计算成本"的线性回归题做错，但阅读过论坛帖子的学生里有64%的人不会再答错。而且，此后每当有学生犯同样的错误时，系统会自动推送教学帖子给该学生。值得注意的是，定位学生最需要的学习内容，是凭借数据驱动，而非学生或教师的主观判断。这种大数据应用策略仅是教育领域的先驱尝试，不应局限于吴教授的课堂，而是应该走进更多高校。大数据正在进入教育领域，终将对人类的学习模式和研究产生重要影响。

（2）有利于分析学生行为间的相关关系

大数据技术和诚信教育的结合，最终需要打造一个类似"芝麻信用"的数据平台，这一过程中需要获取大量的学生数据，如何充分挖掘所需要的数据还有待进一步探讨。打造诚信数据平台，不能仅仅用于记录和简单的分析，还要充分利用相关思维的核心部分，即预测。以学生外出校园的数据记录为例，当某学生校园外出次数显著减少，图书馆的打卡记录上升，由于高校图书馆禁止带饮食进入，外卖次数随之减少，由此可预测该学生食堂就餐记录可能增加，而且很有可能期末考核或者大型考试时间即将来临，其本学期某项成绩将有很大可能会提高。相关思维用于数据挖掘是具有重大意义的一项举措，其在大型超市的运用早有成功先例，将之用于学生数据的分析可谓相得益彰。

（3）有利于拓展跨领域合作

当前，大数据的发展趋势已由普遍化走向专业化，对于数据潜在价值的开发，不仅需要挖掘技术，而且迫切需要精尖的数据研究人才和数据研究技术。大数据中每个信息源包含的信息量都是局部的、不全面的，它们之间受专业技术的限制，试图打破信息垄断局面，却在获得信息数据的途中时常遭遇"无辩护的排除"，因此，只有实现信息共享才能真正做到跨领域合作。建立在庞大数据源的基础上，才能实现大数据技术对数据挖掘与分析的最大价值。在高校德育的发展中，要想充分地将大数据运用到教育中去，不仅对本学科教师的理论根基具有较高要求，而且还需要专业的数据挖掘和分析人才来配合完成。跨领域的合作给提升道德教育研究深度和广度提供了一条新的路径。结合高新大数据技术的优势，整合高校的人才资源，致力于高校诚信教育多方位、全面性的发展。这种关联思维为新时代诚信教育的变革发展、研究方向带来新助力。

以"学科＋思政"为例，越来越多的其他学科将思政元素引入课堂，力求达到共赢的效果。专业学科技能的培养如果失去道德品质的支撑，只会走入歧途，成为危害国家与社会的潜藏因素。因此，从大数据相关思维的角度出发，重新审视德育与其他学科之间的关系，将更有利于提升德育的重视度，也有益于各学科人才的健康培养。

2. 以大数据容错思维提升诚信教育个性化理念

（1）促进非结构数据的获取

千禧年前后出生的大学生，伴随着我国互联网行业共同成长，与以往任何一个时代的学生不同，其行为轨迹十分复杂，除了结构性数据外，更在手机、电脑等平台产生了大量非结构性数据，这些非结构性数据有零碎、难收集等特点，在传统的数据收集中，此类数据多数被忽略。非结构性数据的收集工程量大，"小数据时代"的内存和收集系统都不能满足其需要。然而，随着大数据技术的成熟，这些数据的收集成为可能。将大数据技术应用于诚信教育，要求高校思想政治教育工作者必须尽可能多地获取学生的数据，在容错思维的指导下，运用大数据追踪采集技术，对大学生进行各类数据的获取，为数据分析提供更加完整的数据资料。

（2）利于数据分析方向的把握

大学生的行为数据具有规律性、独特性和不可替代性，每一位大学生作为一个个体，一个有思想的人，其行为数据大不相同，且互相不可替代，这就要求进行学生教育研究时，必须充分容纳每一位学生的具体情况，而大数据容错思维的核心就是接受全体数据可能存在的细小误差来换取整体方向的正确，与学生教育的要求不谋而合。因此，在大学生数据的获取与分析时坚持容错思维，不仅能保证学生数据的完整获取，更能在分析过程中充分考虑所有因素，减少误差，大大提高学生教育的有效性。

（二）引领大学生自主学习能力的培养

1. 加强自主学习，强化诚信认知

自主学习是与传统的机械学习、接受式学习相对应的一种现代化学习方式，它是学习者作为学习的主体，学习者通过独立的分析、探索、质疑、实践、创造等方法来实现学习目标的一种学习方式。大学生作为诚信教育活动的主体，应当有自主学习的能力，但部分大学生缺乏主动学习的积极性，只是被动的接收并不能在学习中有更好的收获。因此，增强大学生自我诚信教育的主动性，有利于坚定诚信认同，强化诚信意志，树立诚信行为。

（1）促使学生主动形成诚信意识

诚信意识的形成除了在家庭、学校、社会中耳濡目染，大学生自身也要主动地寻找学习诚信知识的途径，自愿自觉地培养诚信意识，深入对诚信文化的理解，大量阅读中国传统诚信文学的文献资料，借鉴西方国家诚信思想中精华的知识点，并结合新时代社会发展的特点，思考诚信品质该如何传承和发扬，并将理论与实践相结合，带着对诚信问题的思考，在实践中寻求诚信思想的真正内涵，并将其外化为诚信行为。

（2）激发学习兴趣，促发内在动机

人可以提供一个物体或其他一些东西，却不能提供智力，人必须主动掌握、占有和加工智力，因此调动大学生的主观能动性是培养创造型人才的关键因素。教育内容、教学方式能够满足大学生主观兴趣的时候，更能促使其发挥主动性学习。苏霍姆林斯基说过："学生带着一种高涨的激动的情绪从事学习和思考，对面前的真理感到惊奇和震惊。"兴趣是最好的老师，能够激发大学生内在的学习动力，因此，丰富和创新诚信教育的形式，拓宽大学生的视野，丰富知识结构，能有效提高大学生自主学习的动力。

（3）勤于思考，善于总结

勤于思考是打开智慧的钥匙，善于总结是成功的桥梁。读书学习不善于思考，如同食物没有被消化吸收一样，不会成为自己的血肉一样。那些学有所成的人,都有一个共同特点,就是善于思考,勤于思考,正确思考。同样地,大学生在反复的社会实践中善于思考与总结,才能更好地把握正确的诚信价值观念,进而形成持久的诚信行为。

2. 提升精神境界,培养诚信情感

这里的情感认同讲的是大学生对诚信理念和诚信价值观发自内心的肯定与认可,是对诚信认知、诚信意志和诚信行为的升华,培养大学生的诚信情感认同能够激发他们学习的动力。大学生只有深刻地意识到诚信的内涵,在情感上与其产生共鸣,才能真正地自觉履行诚信行为。

(1) 激发大学生的学习兴趣

兴趣是学习最好的老师,是激发大学生主观能动性的内在动力,养成良好的兴趣才能调动学生主动学习的能力,进而达到良好的教育效果。然而,兴趣的培养自然离不开教育者正确的引导。高校教师可以通过设计形式多样的课堂内容,使用新颖有趣的教学方法等手段,营造活跃的课堂气氛,激发学生的学习兴趣,提高大学生的求知欲望,并遵循大学生的心理特点,潜移默化地灌输诚信理论知识和价值观念。

(2) 引起诚信价值观的情感共鸣

情感的感染力十分强烈,高校教师可以通过创设虚拟情境,使学生进入情感的氛围中,和教师产生情感共鸣的体验,让学生能够理解教师所感受的情感态度,从而更容易地接受诚信教育的知识,愿意主动地学习诚信教育的内容。这就解决了教育者单方面输出知识,学生不情愿地被动接受的矛盾,情感作为连接教师和学生精神的桥梁,不仅能够增加学生对教师的信任和依赖,增强师生之间的互动性,而且也能促使课堂教学收获更好的效果,使教育变得幸福和轻松,达到"情达理通,以情促理"的良性循环。

3. 积极参加实践,自觉践行诚信

实践是大学生诚信教育的最终目标和归宿,它是诚信认知、情感意志内化为诚信行为的必要途径,只有通过具体的实践活动才能体现出来,并形成一定的行为惯式以维持稳定的诚信行为状态。"诚信观念的价值和生命在于被遵守和践行",即诚信认知和诚信情感的行为化。行为化是诚信教育活动的最终目标,所有的诚信知识教育、情感教育等都是为使其行为化而奠定的基础准备,是强化实践的第一步,主要是能够使大学生自愿自觉地遵守诚信行为规范。然而,影响行为化效果的因素除了大学生的主观能动性之外,高校教育者所创设的实践平台也至关重要，都会影响行为化的结果。因此，教育者在设计诚信实践活动时应当考虑周全，要提前准备好完整、可操作性强的实践活动方案，做好课前准备工作，并根据学生情况随时调整活动方案，设置丰富的活动形式，并且尽可能地扩大活动参与范围，争取让每一位学生都能参与其中，能和教育者有良性密切的互动，以提升诚信教育行为化的效果。

（三）构建培育大学生诚信的融媒体平台

越来越多的高校已开始关注和运用融媒体在大学生诚信教育过程中所发挥的作用和价值。但是，针对大学生诚信教育的特点，目前高校还鲜有构建和完善适合大学生诚信教育的融媒体平台。所以，建立一个综合性的大学生诚信融媒体平台，对提高和促进大学生的诚信素质具有重要作用。

1. 整合大学生诚信融媒体资源

融媒体趋势的快速发展在为大学生提供多样信息服务的同时，也为高校思想政治课教师实施高质量的诚信培育活动，提供全新的路径与手段。当前高校思想政治课教师需要解决的首要问题是如何在海量和繁杂的网络信息中，帮助大学生获得自身需要的诚信培育信息，从融媒体信息的供给源头上出发，解决当前高校运用多媒体技术培育大学生诚信的核心难题。

当前高校思想政治课教师应对现有的融媒体教育资源进行充分整合，依托优质的融媒体信息平台，开展多样化、高质量的诚信培育课程。高校思想政治课教师应当从以下几个方面着手：首先，高校思想政治课教师应对融媒体平台的信息传播优势进行科学分析，充分运用融媒体信息共享和快速传播的优势，以信息传输的方式对传统的时间和空间限制进行打破，同时对融媒体平台信息进行有效化和集成化处理，从而为高校的诚信培育活动奠定良好的基础。其次，高校应提高对融媒体平台诚信培育信息的有效利用。如今，不少高校已经开始通过融媒体平台对自身的价值观念和相关内容进行传递，不仅使传统的诚信教育课堂得到有效延长，而且还使相关教学资源的合理应用得到了增强。但是，很多高校在对融媒体平台进行运用的过程中，始终将其作为课堂教学的一种补充产品，没有充分挖掘其蕴含的信息资源。所以，高校应充分挖掘和运用融媒体平台中诚信信息资源，进而更好地促进自身教学优势的实现。

2. 创建有影响力的诚信教育融媒体

如今，一大批以提供信息服务和休闲娱乐为目标的融媒体平台迅速兴起，人们越来越多地选择利用融媒体来对自己想要的信息进行获取，并进行休闲娱乐活动。因此，很多融媒体平台不管是在社会影响力，还是在用户关注度上，都在很大程度上领先于传统媒体。但值得注意的是，目前以教育和培育大学生为目标的融媒体平台，在网络资源获取和社会影响力上都相对较差，这使得高校在利用媒体平台开展诚信价值观的过程中，境地一度尴尬，一方面，过于商业化和娱乐倾向的融媒体平台并适合高校进行持续和系统的诚信培育课程；另一方面，具有教育属性的融媒体平台其媒介影响力相对较差，学生的使用规模和喜爱程度也比较低，高校很难开展大规模和全方位的诚信培育活动。

原因主要有两点：第一，大学生群体作为社会中的青年人群，他们相较年龄更大和经济收入更高的社会群体，对媒体的消费能力和潜在影响力相对较低，这使得以实现自身盈利为目的的商业融媒体，往往没有将大学生视为其核心用户群体。第二，目前以培育大学生思想政治素养和诚信观念为目标的融媒体平台，其大多具有官方或公益属性，普通的商业融媒体平台难以实现自身的经济收益。这些因素使得当前的新兴融媒体平台，在整体风格上趋于娱乐化倾向，不利于高校开展相应的诚信培育活动。

因此，高校应当努力提升大学生诚信融媒体的影响力，通过多种方式和规则建设，鼓励和吸引广大的融媒体平台开设相应的诚信价值观培育渠道，增进高校实施诚信观念的有效融媒体路径。

基于此，高校可以选择从以下路径进行尝试：第一，高校可以选择使用校企合作的方式，吸引校外企业和经济组织参与到对大学生的诚信培育过程中来，从而为构建具有优质影响力的思想政策类融媒体提供有效的物质保障。第二，高校可以通过规则建设的方式，鼓励更多的融媒体平台开设相应的诚信教育渠道，让社会上的各种力量共同支持和帮助大学生形成积极健康的诚信观念。

3. 把握融媒体发展优势

融媒体的内容和特征都随着媒介技术和用户的使用而发生变化，所以，高校应充分运用融媒体技术实施诚信培育活动，应与融媒体的发展趋势和实际优势紧密结合，在充分运用和观察融媒体现有内容和特点的同时，紧密部署未来使用融媒体进行高校思想诚信教育的全新路径。在今后的融媒体发展中，主要呈现以下几种发展优势，为高校融媒体诚信培育工作提供参考借鉴。

（1）媒体融合的趋势将持续深化

作为媒介融合迅猛发展的产物，融媒体本身也具有各类传统媒体的优势与特征。但是，近年来媒介融合趋势仍在不断加深与发展，在一定程度上改变了融媒体自身的内容和属性。因此，高校应及时观察媒介融合发展的最新趋势，与自身诚信教育的需求相结合，及时选择更加合适的融媒体平台。

（2）融媒体未来发展的交互性特征将更为强烈

与传统的媒体有所不同，融媒体其双向互动的信息沟通方式让人们渴望通过融媒体平台表达自身的价值和观点，而在未来这些特征将可能表现得更为强烈。因此，高校应当巧妙结合诚信的培育内容，在融媒体平台中合理布局，以学生需求为内容导向，促进学生与学生、学生与教师之间的双向互动。

（3）融媒体传播将更为迅速

从2019年起，5G技术的迅猛发展，不仅彻底改变了现有的媒介生态环境，也在很大程度上影响了融媒体平台。今后，融媒体平台的信息传播将更为即时和便捷，高校思想政治课教师甚至可以通过随身携带的移动终端，创造并更新授课内容，这势必将会给高校的诚信培育工作带来全新的发展机遇，更需要高校思想政治课教师形成创新、即时的教育理念，从而帮助大学生更好地形成正确的诚信意识。

（四）营造有利于大学生诚信教育的环境

当代大学生诚信意识和诚信素质的培养是一个系统化、复杂化的内容，因此仅仅依靠学校这单一方面的力量去提升大学生的诚信道德素质显然是不够的。目前这个问题已经引起了学校、家庭以及社会的广泛关注。不同的角色属性所承载的功能也是不同的，因此无论是家庭、学校还是社会都需要充分发挥各自角色的优势，将三者的功能进行统一综合化，这也是开展诚信教育比较有效的方式。三者只有明确各自的职责，相互协调、促进与沟通，利用多样化的手段和机制，才能给予促进大学生诚信道德观念发展的足够的推进力。

1. 社会方面

（1）充分认识诚信的社会意义

社会主义核心价值观中明确了诚信对个人层面的要求，在社会发展中的多个领域，诚信都起着至关重要的作用。从个人来说，是在社会上个人价值发展的基本要素；从人际关系而言，是人与人之间交往的情感基础内容；从企业发展来说，它是企业谋求效益提升、规模扩大的重要前提；从政府维稳来说，它是促进整个地区发展稳定、人民生活安居乐业的重要砝码。但是在社会发展、企业发展以及政府事业中所出现的少数有失诚信的欺骗行为，影响了大学生关于诚信教育工作的体会和理解。

因此，创建和谐、诚信、美好的社会环境需要社会中的每个人以及每个团体发挥自身优势去共同建设。正如"一种价值观要真正发挥作用，必须融入社会生活，让人们在实践中感知它、领悟它"。社会需通过资源的整合以及传播渠道的开拓，在整个社会中大力弘扬诚信为本的正能量精神，使得诚信的观念深入大学生的内心最深处，内化为精神追求，外化为自觉行动，最终推动大学生诚信教育工作的成功普及。

（2）加大社会诚信宣传力度

宣传工作要积极围绕诚信宣传，找准诚信宣传工作的发力点和切入点。舆论发挥着凝聚共同思想基础的作用，在诚信社会营造中是不可忽视的一股力量。正确地发挥舆论的优势，有助于诚信教育工作更好的推进。第一，充分利用现代媒体和社交网络平台，通过这些平台的传播特性去普及诚信教育的内容，从而塑造大学生的诚信道德修养。第二，教育部门需引入专项资金对企业以及学校等场所增加相关影像播放设备，用来播放有关诚信事迹的画面片段及资料，使诚信的理念渗透到学生的工作生活学习中，有助于改善社会的诚信环境。第三，严厉打击市场中的欺诈失信行为，大力宣传诚信经营的正确商业理念，使市场经济呈现出高诚信度的状态。各级行政执法监管机构可以通过评选诚信企业的方式来建设诚信模仿试点单位，并给予这些企业一定政策上的优惠以及宣传，使其榜样的优势更为明显，从而让其他企业进行效仿，以此提升整个市场中企业整体的诚信经营水平和意识，提升在市场中的模范带头作用。

2. 学校方面

（1）遵守新时代诚信道德教育基本原则

第一，坚持知识性和价值性相统一。坚持知识性是指对大学生诚信道德教育要从基本诚信道德理论知识的传授开始，使大学生明确诚信道德的内容、要求、价值以及失信行为的表现、危害。坚持价值性是指大学生诚信道德教育的目的意在塑造学生的诚信价值观，使大学生通过诚信道德教育树立坚定的诚信道德信仰。首先，高校思想政治教育工作者要坚持用科学的理论知识来支撑价值观的引导。在教育过程中兼顾价值性与知识性，防止价值性的传授变得空洞没有效果。其次，在传授知识的过程中不能死搬硬套、空谈理论，也要注重价值引导。这就要求高校思想政治教育工作者必须创新思想政治理论课的内容和传授方式，改变以往的教学模式，加入人文教育因素，用真情感动学生，让学生在真情实感中树立坚定的诚信道德信念，自觉摒弃失信行为。

第二，坚持建设性和批判性相统一。高校思想政治教育的根本任务是对学生传授主流价值观念，让学生在真知真信中感悟诚信力量，树立诚信道德信仰。大学生诚信道德教育就是要对学生传授社会主义诚信价值观念，使学生逐步树立正确的社会主义诚信道德观，在日常生活和行为中坚守诚信道德，做诚实守信的良好公民，这就是大学生诚信道德教育的建设性原则。坚持批判性原则是指"思政课要用好批判的武器，直面各种错误观点和思潮"。当前，受社会不良风气的影响，社会上诚信道德失范行为越来越多，对大学生产生了十分不利的影响，因此大学生诚信道德教育要坚持批判性的原则，让学生在批判各种错误诚信道德行为的过程中树立马克思主义诚信观。

第三，坚持理论性和实践性相统一。时代要求大学生要立鸿鹄之志、学真本领、做实干家，要做到这一点，诚信必不可少。首先，要确保大学生诚信道德教育内容的完整性和科学性，理论要与时俱进，密切联系时代，涵盖当下热点诚信道德问题。其次，要充分发挥思想政治理论课的主阵地作用，在课堂上把新时代社会主义诚信道德观讲清楚、讲透彻。坚持实践性包括两个方面：一是指高校思想政治教育工作者在对大学生进行思想理论教育时要注意密切联系实际，理论教育的目的是解决实际问题，不仅要教会学生诚信道德知识，更要培育学生在实际生活中实践诚信道德的能力和抵御各种失信行为诱惑的定力。二是指在教学方法上，鼓励学生走出去，采用实地考察、实地调研等社会实践的方式培养学生的诚信道德意识，让学生通过亲身实践感受诚信的魅力，从而从内心深处认同诚信道德，做到内化于心、外化于行。

第四，坚持显性教育与隐性教育相统一。大学生诚信道德教育要打好组合拳。过去，我国思想政治教育的方式大多是单一的灌输式教育，导致许多学生产生逆反心理，不利于大学生诚信道德教育。因此，大学生诚信道德教育要创新教育方法，让学生在有形与无形中认同诚信道德观念，树立诚信道德意识。首先，做好显性教育，即充分发挥思想政治理论课主阵地的作用。要让思想政治理论课成为传授诚信道德知识、培养学生诚信道德意识和能力的主阵地。其次，要注重开发隐性教育方式。可以通过开发其他课程中蕴含的诚信道德教育资源，加强校园诚信校风建设，加强社会诚信道德模范的宣传作用，并采用播放纪录片、短视频等大学生喜爱的方式，开展诚信道德教育。

（2）优化教学模式，发挥思政课作用

第一，高校要积极重视思想政治理论课教师的引进和培育。思想政治理论课教师是高校有效开展思想政治教育活动，提升大学生思想道德水平的重要保障，思想政治理论课教师在学生品格培养中具有十分关键的作用，因此，高校要按照教育部的规定配齐思想政治理论课教师。与此同时，高校要定期开展思想政治理论课教师的学习培训活动，不断提升思想政治理论课教师的专业技能。

第二，高校要为开展思想政治理论课提供必要的活动场所和经费支持。思想政治理论课教学要注重实践教学，通过组织学生参加社会实践活动、到英雄模范纪念馆参观的方式来锤炼学生的品格。高校要为思想政治理论课的开展提供必要的活动场地和经费支持。

第三，高校要合理分配诚信道德教育在思想政治理论课教学任务中的比例。高校要定期开展诚信道德教育讲堂，充分发挥思想政治理论课对大学生诚信道德教育的作用。

（3）创新教育内容，丰富教学方式

新时代大学生的思维更加活跃，传统的填鸭式教学已经不能激发学生对诚信道德课堂的兴趣，教师应该充分发挥创新精神。

第一，要对诚信道德教育内容进行创新。诚信道德教育的内容要坚持与时俱进，要用最新的诚信道德知识、最新的诚信道德讲话精神、最新的诚信道德模范事迹作为诚信道德教育讲堂的内容。要把诚信道德教育加入学校思想政治理论课的教学内容中去，为开展大学生诚信道德教育留足课时、留足精力。

所以，高校思想政治理论课教师要不断与时俱进，不断对诚信道德教育的内容进行更新，做到知识新、案例新，利用新时代诚信道德的内容和要求来对学生进行教育，利用最近、最热的时事新闻来对学生进行引导，并对思想政治理论课的课堂进行充分利用，让学生在课堂上学到更多的诚信道德理论。

第二，要不断对诚信道德教育方式进行创新，使学生的主体性得到充分发挥。要敢于突破时空限制，敢于走出课堂，打破常规。让学生成为道德高尚的人才是思想政治理论课教学的根本目的所在，所以，教师要始终明白学生是课堂的主人。为此，创新诚信道德教育方式应做到以下几点：一是教师要摆正位置，化主体为主导，在课堂上要为学生留够展示空间；二是教师要敢于带领学生走出教室，教室只是教师开展思想政治教育的场所之一，不是全部，因此，教师要敢于带领学生走出教室，到外面开展诚信游戏活动，在实践活动中引导学生树立诚信道德意识。同时，教师要充分利用当地的红色文化场所，带领学生走进纪念馆、博物馆等文化场所，让学生在参观中感悟诚信力量。

3. 家庭方面

（1）家长要注重言传身教

家长要注重言传身教，在家庭教育的诸多方面，关于如何做人的品德教育应放在重要位置。家庭诚信教育和学校的诚信教育相比有着更为潜移默化的优势，因此，对于长辈来说需要正确的自我反省和修正自身的行为规范性，对大学生要用正确的方式进行引导，在孩子面前做到诚实守信，通过对自身的严格要求带动子女的共同促进。在日常生活中，家长与孩子之间的沟通应该是平等和善的，采用正确的方式去引导孩子树立正确的诚信观念。

（2）家长要树立正确的诚信价值观念

要加强子女的诚信道德观念，父母首先必须具备正确的诚信道德观念。错误的诚信道德观念非常不利于孩子正确诚信观念的形成。所以，只有父母树立正确的诚信观，才能给自己孩子的未来指明一条正确的道路，才能帮助孩子扣好人生的第一颗扣子，才能帮助孩子迈好人生的第一个台阶。

（3）营造和谐的家庭氛围

要想营造融洽的家庭氛围，必须对家风建设予以重视，首先是建立和谐的家庭关系。家风好，才会家道兴旺、家庭美满、生活幸福。研究证明，凡是出身不良家庭关系中的孩子，通常会缺乏责任感和安全感，在社会的不良环境中经常会有不诚信的行为出现。

所以，在家庭教育的过程中，首先，既需要注重行为意识的培养，更需要注重情感态度的培养，两者结合才能促使孩子树立健全的人格和道德观念。其次，建立良好的沟通方式。家长要经常与孩子进行平等的交流，及时了解孩子的心理状况，将存在的问题及时解决，帮助孩子正确的成长。部分大学生对大学生活不适应，这就需要家长帮助孩子战胜困难，做孩子最重要的引导者，引导他们实现自我价值以及道德素质的双向提升。只有全面统筹学校、家庭和社会三方面的育人力量才能实现"一体化育人"，才能实现各项育人工作的协同协作，才能使高校思想政治工作更好地适应和满足学生成长诉求、时代发展要求、社会进步需求，不断提升思想政治工作的水平。同时，学校、家庭和社会思想政治工作的实施也需要不断地发扬钉钉子的精神，坚持一张蓝图绘到底。

（五）强化诚信教育师资队伍的榜样示范作用

教师是立教之本，兴教之源。新中国成立七十多年以来，党和国家高度重视教师工作，把教师队伍建设作为教育事业发展最重要的基础工作来抓，取得了举世瞩目的成就。北京师范大学校训"学为人师、行为世范"形象地表达了教师的言行对学生的示范和引领作用。

1.涵养道德情操，提升道德修养

《礼记·文王世子》中有记载："师也者，教之以事而喻诸德者也。"孔子亦言:"其身正,不令而行;其身不正,虽令不从。"古代社会崇尚德育,教育者应坚持以德修身、以德立规、以德定行;而现代社会既要求学生受到道德教育,也强调对科学文化知识的学习,所谓"教书育人",即传道授业和德育并行。

俄国教育家乌申斯基认为:"在教育工作中,一切都应以教育者的人格为依据,任何章程和纲领,任何人为的管理机构,无论他们设想得多么精巧,都不能代替人格在教育中的作用。没有教师给学生以个人的直接影响,并深入学生品格中,真正的教育是不可能的。"而对于大学生诚信教育路径优化而言,教师不仅传授诚信相关的知识,更是学生的一面镜子,教师的品德、治学态度、生活态度、为人处世的言行都会是学生效仿的榜样,因此,教师教书育人,也是自身道德人格自省修身的过程。

高校教师在大学生诚信教育中要以德立身、泽己及人。做到这些,教师需要言传身教,其中身教重于言教,言教要想有理想的效果,必须由身教来保障,教师如果能以身作则,言行如一,那么他们的言教对学生而言就会发挥好的作用,学生最初的学习方式就是对教育者的模仿。因此,在大学生诚信教育中,高校教育者应当发挥身教的功能,提高自己的诚信思想水平,丰富自身学识修养,自觉践行诚信行为,才能更好地帮助学生培养其坚定的理想信念,优良的诚信品质,才能将他们的诚信认知转化为实践生活中的诚信行为。

2. 积累扎实学识,提升慧识人格

习近平总书记指出:"扎实的知识功底、过硬的教学能力、勤勉的教学态度、科学的教学方法是老师的基本素质,其中知识是根本基础。"扎实学识,就是要通过学习,不断提升教师的素质和智慧。要想给学生一杯水,首先教师得有一桶水,甚至是一缸水。教师应该是知识的加工者和思维的引领者,而不应该是知识的搬运工。也正是基于这一点,教师一定要有足够广博的知识面,一定要有足够完整的知识体系和框架,一定要有足够深入的思想引领。

(1)具备深厚的专业知识

大学生诚信教育的内容涉及生活中的方方面面,贯穿在各个学科领域中。教育者如果不具备扎实的专业知识功底,并且深入地学习系统的理论知识,如何能在课堂上旁征博引、游刃有余地把诚信理论知识给学生讲透彻呢?学生可以原谅教师的严厉刻板,但是不能原谅教师知识浅薄。因此,教育者永远不能停下学习的脚步,要紧跟时代的步伐,不断更新自身的知识储备,关注大学生感兴趣的信息和社会热点问题,以便更加了解学生的精神生活状态,从而更有针对性地设计课堂内容和教学方式。

（2）具备提升课堂教学技能

教师的优秀不仅在于自身知识水平的高低，而且还在于能否将自己一身的本领通过有效的方法传授给学生。这就要求教育者必须具备优秀的教学技能，教学技能不仅是教师进行教育活动的基础，更是代表一名教师在课堂中的价值体现，更是教师的基本功的体现。课堂教学技能包括导入技能、讲授技能、提问技能、课堂观察技能、课堂倾听技能、演示技能、讨论技能、结课技能等，这些技能反映了课堂教学各种技能之间的纵向关系。因此，教师应当从这些方面不断地改善和创新，以提高自己的课堂教学技能。

（3）具备终身学习的能力

未来社会是一个知识型社会，更是一个学习化社会。教书育人包含着太多的时代要求，时代在不停变迁，人类需要掌握的知识信息也是日新月异，教育工作者作为传播知识的使者，要时刻保持知识的更新，始终不能停下学习的脚步。活到老，学到老，是新时代教师的要求，更是教育发展的要求。"路漫漫其修远兮，吾将上下而求索"，在知识迅速更新的今天，不能只满足于现状而停止学习，只有树立终身学习的思想，不断充实自己，拓宽知识视野，才能在学生心目中树立起较高的威信。自己不断地研究，加强对教材的驾驭能力才能提高自己的教学技能，创新具有实效性的教学方法，才能顺应信息时代的发展，更好地为学生服务，为教学服务。

3. 注重言行举止，做到言传身教

中国传统文化中一直都非常重视为师者的道德榜样作用，为师者其身正，自然能够做到"桃李不言，下自成蹊"。教师的一言一行，总是潜移默化地影响学生，教师要加强自身修养，注重自己的言行举止，才能成为学生的人生导师、生活向导。因此，诚信教育过程中教育者应当树立积极的道德榜样，要对大学生进行诚信教育，教育者自身的言语和行为必须是诚信的，"在敢于担当培养一个人的任务以前，自己就必须要造就成一个人，自己就必须是一个值得推崇的模范"。

诚信教育者不能一方面向学生灌输诚信思想理念，规范他们的诚信行为，自身却不能做到诚实守信。教师的职业特性决定了他们自身的不诚信行为会严重影响学生的诚信观念和行为。因此，诚信教育者首先要以身作则，为人师表，要"言必信，行必果"，建立起与学生间的诚信桥梁。教师在课堂教学中必须保持严谨的教学态度，认真讲授教材内容，讲透每一个知识点，不遗漏知识点，不能仅仅为了完成学校规定的教学计划或教学进度，而有选择性地讲解知识点；或者是根据自己的备课情况，随意地讲解知识点。教师不严谨的教学态度，对学生来说是极其不负责任的表现，也是严重失职。教师在教学过程中，应始终保持严谨的教学态度，认真对待课堂教学内容，无论平时作业还是考试，教师都讲解过相关的知识点，学生就不会承受着心理压力，冒着被惩罚的危险做出失信行为，直接降低了学业失信率。教师不仅需要在课堂上以身作则，保持严谨的教学态度，还要注重平时的言行，树立诚信榜样。校园存在学业失信现象，有的学生随波逐流，有的还在犹豫不决，不知道该做出什么样的选择，急需一种直接、有效的方式，解决大学生对此产生的疑惑，并最终做出明智的选择，这就是榜样教育法。榜样教育法是教育者以自身树立榜样产生的一系列正面影响，激励和引导学习者自我内化榜样的精神品质，形成正确的价值观念。教师的工作具有复杂性，它的教育对象是一个个具有思想、充满生机的人，不是工厂模式化的无生命产品，学生都有自己的思考和想法。

与此同时，学生本身就有向师性，以教师言行为榜样，所以教师必须以身作则，树立诚信模范榜样，以榜样具有的示范性、激励性等作用，引导大学生树立正确的诚信观，增强诚信意识，培养诚信品质。学生看到教师不仅课堂上提倡诚信教育，日常生活中做人做事也秉承这个品质，学生就会以教师作为自己言行的榜样，培养诚信品质。榜样教育法所发挥的作用具有很大影响力，好榜样会引导树立正确的观念，促进实践的发展；反之，坏榜样会误导树立错误的诚信观，阻碍实践的发展。教师作为大学生日常联系密切的群体之一，必须注重自身的一言一行，树立诚信学习的榜样，引导大学生树立正确的诚信观。

第三节 大学生就业教育

一、影响大学生就业的主要因素

（一）基于国家层面的大学生就业影响因素

为实现人才强国战略，助推新中国发展，1998年，教育部发布了《面向21世纪教育振兴行动计划》，不断扩大高等教育招生人数和招生规模。与此同时，随着国家政策的导向以及国民生活水平和收入的提高，国民越来越重视下一代的培养，同时增加了对教育资源的需求。我国高等教育毛入学率从1999年的5%增长到2019年的45.7%，教育规模也由精英化阶段向普及化阶段进行了转变。扩招政策不仅使学生接受高等教育的机会和权利有所增加，而且有效解决了国家高层次人才稀缺的窘境，同时还使国民综合教育水平和素养得到了有效提升。然而，自从大学生扩招以来，大学毕业生数量猛增，其增长速度过快，导致出现了人才市场供大于求的局面。

（二）基于高校层面的大学生就业影响因素

首先，从课程设置来看，针对大学生就业观塑造的职业生涯规划、创新创业、就业指导课程在高校普遍缺乏重视，课程教育体系有待完善。每所高校都有自己规定的教材，但很少有高校会在这些课程上设立专门的教研室，进行教学大纲的研讨，制定统一的教学计划。

其次，从专业设置上看，部分高校盲目跟风设立热门专业，因自身的教育能力、师资匹配以及学生就业时因专业相似性等导致毕业生出现"滞销"现象，专业设置与社会需求脱轨。

最后，从师资配备上看，任课教师专业水平有待提高。高校辅导员一般是从事上述课程教学工作的主要力量，但由于辅导员平时事务多、非"科班"出身、学校组织的继续教育和培训力度不足、重视程度不够等，导致课程质量较低，难以实现预设的育人目标。

（三）基于学生层面的大学生就业影响因素

首先，就树立就业观而言，当代大学生在全球价值观良莠不齐且相互交织融合的时代下成长，部分学生难免受到不良思潮影响，缺乏奉献精神、集体意识和服务观念，进行就业选择时，过分关注就业环境、薪资待遇和工作福利等外在条件。

其次，就核心竞争力而言，当代大学生普遍核心竞争力不强。由于高等教育的特殊性，更强调学生学习的自主性和能动性，加之高校教师自身也有科研任务，导致教师无法有效关注到每一位学生的学习情况。同时，由于目前高校处于"严进宽出"的状态，很多大学生进入大学后因无人管束，就放飞自我，导致自身整体素质偏低，就业能力、核心竞争力不强。

最后，就心理素质而言，主要是指学生在进行就业选择时，可能面临求职屡屡受挫的困境和就业期望与现实需求之间的矛盾，这就看学生是否有进行自我调节的能力。部分缺乏调节能力或调节能力较弱的学生，可能在就业时出现"佛系"心理、畏惧自卑等消极思想，从而阻碍就业进程。

（四）基于社会层面的大学生就业影响因素

首先，由于我国社会经济结构性质、生产方式的改革，用人单位普遍对高层次人才求贤若渴，迫切需求高素质的综合性人才和创新型人才，但就目前我国高校教育体系而言，要完善育人体系，提升育人质量，仍需很长一段时间来探索路径。

其次，许多企业有"名校情结"，只录取或优先录取名牌大学毕业生，在筛选简历阶段直接将普通大学毕业生拒之门外；盲目看中应聘者工作经历和实践经验，缺乏人才培养情怀和人才储备意识。但反观我国高等教育人才输出实际，与用人单位、社会需求相差甚远，在用人单位的高标准、严要求下，大学生的就业信心极易受到打击。

二、大学生就业教育的内涵

（一）大学生就业教育的概念

就业教育，很多人将其叫作"职业指导""就业指导"。大学生就业教育指的是，高等院校根据社会的发展和时代的需求，按照国家、社会、职业结构、就业市场对人才综合能力的要求，探索大学生自身的兴趣、性格、价值观等特征，指导学生制定科学合理的职业生涯规划，提高大学生的就业能力和就业水平，树立正确的就业观和职业理想，帮助大学生掌握职业所需要的知识和技能，从而促进大学生顺利就业，实现职业目标的教育过程。

（二）大学生就业教育的内容

大学生就业教育主要包括思想道德教育、职业生涯规划教育、就业形势政策教育、就业心理教育、就业指导教育、就业理想教育、创新创业教育、职业素质教育。

1. 思想道德教育

思想道德教育作为高校教育的基本内容，对一个人的思想道德素质建设具有非常重要的作用，能够在就业过程中最直接地体现一个人的综合能力。因此，无论什么时候，在任何情况下，大学生都要把自身的思想品德作为修养的基础，在工作中把自己的思想道德转化为职业精神和职业道德。具备良好的思想道德素质是做好工作的基础，只有具有这种品格，学生才能以无私奉献的职业道德对社会、对人民、对自己负责。

2. 职业生涯规划教育

职业生涯规划教育是指通过客观地了解自己的性格、能力、兴趣、价值观，深入了解"自我"概念，将个人发展与组织发展相结合，在深入了解各种职业的需求趋势以及关键成功因素的基础上，分析个人和内部环境因素，确定自己的职业发展目标，选择实现这一职业目标的职业或岗位，并制订相应的工作、教育和培训行动计划。制定基本措施，高效行动，灵活调整，有效提高职业发展所需的执行力、决策力和应变能力，使职业生涯顺利发展，取得成功。职业生涯规划不仅包括对自己的个人职业生涯规划，而且还包括对用人单位职业生涯规划的管理。职业生涯设计的目的不仅仅是帮助个人根据自己的资质找到合适的工作，实现个人目标，更重要的是帮助个人真正了解自己，规划未来，拟定自己一生的发展方向，根据主客观条件设计合理可行的职业发展规划。

3. 就业形势政策教育

就业形势政策教育是为了增强大学生对教育政策的认识，有助于他们充分了解中国的基本国情和当前严峻的就业形势。在了解国内外政治经济形势、社会进步与发展的客观条件和背景的情况下，大学生可以充分考虑社会需求与学习内容的结合，以及政策的运用，通过全面分析自身特点，准确分析政策情况，进一步优化他们的职业期待。

4. 就业心理教育

良好的心态是一个人心理状态的主要表现。高校就业教育中的求职心理教育是以课堂教育的形式，培养大学生乐观向上的就业心理。通过就业心理教育，大学生可以建立就业和职业选择的自信心。同时，它可以提高大学生面对困难和挫折时的抗压能力，并提高大学生自我调节能力。这些能力对大学生进入工作岗位具有重要意义，是大学生以良好的心理状态进入社会的前提。

5. 就业指导教育

面临就业选择的毕业生，一般存在思想认识不足、准备不充分的情况，对一些具体的求职技巧、面试方法、简历制作等往往缺乏必要的了解。通过对毕业生进行就业技巧教育，使毕业生掌握应聘就业程序，掌握自荐方式和面试的有关礼仪，掌握与人交谈时有声语言和体态语言的正确运用方法，使毕业生避免由于方法不当而带来的求职障碍。

6. 就业理想教育

每个人都有理想，有自己的目标追求，对未来的目标追求是个体进步的源泉，也是引导个体前行的动力。大学生就业教育的内涵，是在对大学生进行教育的过程中，鼓励学生形成坚毅的性格和良好的品格，树立远大的理想和正确的观念；通过以实现自己的人生价值为基础，将自己的行为和内在动力内化为更深层次的精神价值，为社会做出贡献，从而在就业过程中进一步实现自我价值。

7. 创新创业教育

目前，创新创业教育是一个相对较新的教育概念，它的出现表明了我国教育发展的进步，我国提倡的"大众创业、万众创新"理念就是最好的证明。它不仅通过扩大社会内需为学生提供了更多的就业机会，而且为就业教育提供了新的视角和新的内容。现在的大学生有自己独立的思想，且创新能力、社会实践能力较强，如果在学校期间对大学生进行创新创业教育，可以极大地激发大学生的拼搏精神和创业潜力。通过系统的创新创业课程教育，有助于形成大学生勇于开拓、敢于创新的精神，使其成为能够为社会贡献力量、创造价值的优秀人才。

8. 职业素质教育

职业素质教育作为大学生就业教育的重要组成部分，具有不可替代的作用。大学毕业生在进入工作岗位后，如果要承担并胜任这项工作，应该具有较强的专业素质、团结合作的精神以及高度的责任感，这些都属于职业素质教育的范畴。高校的职业素质教育主要侧重于特定技能的培训和教学，使学生较早较快地掌握技能，提高职业素养，使个人就业竞争力得到提高，在职业适应中得到提升，从而帮助大学生在未来的就业竞争中更好地抓住机遇，顺利就业。

三、大学生就业教育的现状

（一）缺乏系统的就业教育理论指导

实践没有理论便盲，理论没有实践便空。就业教育理论为就业教育工作实践提供了理论依据和方法工具。做好就业教育也必须建立在坚实的理论基础之上。在过去精英化高等教育时期，由于国家长期实行"统包统分"的就业政策，高校毕业生根本无须求职，导致高校长期缺乏对就业教育进行深入细致的理论研究。

改革开放以来，随着市场经济体制的不断发展，高等教育逐渐走下神坛而向大众化迈进。在此背景下，大学生就业市场也开始形成，国内一些高校随即对高校大学生就业教育体系、就业教育模式、创业和创业教育等相关就业教育理论进行了一些有益的研究和勇敢的探索。但就整体而言，目前我国高校还普遍缺乏对就业教育理论的深入研究，主要表现为：在高校的就业教育研究中大部分研究还停留在就业指导的应用层面，而学科层面上系统深入的理论研究极少有人问津。

同时，高校对就业教育研究普遍不够重视，就业教育研究团队实力不强。一些研究人员在进行就业教育研究的过程中往往缺乏科学性和系统性。更有甚者，一些高校研究人员不顾中国国情，盲目照搬国外的就业教育理论。殊不知，我国的特殊国情决定了我们不可能完全复制国外的就业指导模式。由于研究不够，缺乏系统的科学的就业教育理论指导，高校的就业教育效果可想而知，出现一些偏差和问题也就不足为奇了。

（二）就业教育理念稍显滞后

1. 大学生就业实践育人能力还需提升

人才资源是第一资源。为了在未来激烈的人才竞争中发挥积极作用，我们国家也在采取积极措施，在重视知识传授的同时，将教学重点转移到培养学生的就业实践能力上。社会实践可以使大学生消化专业理论，对知识的运用更加具体化，所以，社会实践教育已经成为课堂教学的必要补充。2004年10月14日，中共中央、国务院出台了《关于进一步加强和改进大学生思想政治教育的意见》，明确提出"社会实践是大学生思想政治教育的重要环节，对于促进大学生了解社会、了解国情、增长才干、奉献社会、锻炼能力、培养品质、增强社会责任感具有不可替代的作用"。

在实践中，目前很多大学还是重视理论教学而忽视对大学生实践能力的培养，不少高校所安排的实习也只是走个过场。一些高校在组织大学生就业实践时，更多注重大学生就业实践能力的培养，却忽视了思想政治教育。甚至有些高校在组织就业实践的时候，搞成走马观花、游山玩水的活动。有些大学生在就业实践活动中，轻视劳动者，做出损害大学生形象的事情。有辅导员在访谈中谈到暑假带学生去西部支教，因为条件艰苦，有些学生待了几天就回家了。因此，导致大学生就业实践能力较弱的原因主要有以下3个方面：

第一，大学生对实践活动缺乏足够的认识。近年来，尽管社会实践活动在校内外产生了较好的影响，得到了社会的赞扬和支持，但是，仍有一小部分大学生对就业实践活动在其成长过程中的作用缺乏深刻的认识。比如，有的大学生担心社会实践会打乱正常的教学秩序；有的大学生认为是一种额外负担，认为年年如此，搞不出什么新意，从而产生厌倦情绪，直接影响了社会实践活动的有效开展。

第二，有些高校就业指导教师为了谋求社会的关注，把就业实践做成花架子，做成了外观好看、实质没有好效果的活动。比如，组织大学生去聋哑学校帮扶，却没有花时间准备基本的手语，给了慰问品后，因为不能有效沟通，导致实践活动没有实质效果，一定程度上影响了实践效果。

第三，就业实践活动效果评定标准不合理。就业实践作为就业教育的重要内容，如何通过就业实践活动，激发就业指导教师和大学生的积极性，是非常重要的因素。很多高校每年都会组织大学生开展就业实践活动，但是如何评判活动效果各有标准，甚至有些没有标准。有些高校评判的标准是此次活动能否上省级以上新闻媒体，有些是活动的现场效果，这些导致参加就业实践的大学生和就业指导老师为了迎合评定标准，找关系、做花架子，从一定程度上助长了浮夸之风。

2.就业教育课程内容需进一步完善

当前，我国高校在社会主义核心价值观的培养和实践上已经做了巨大努力，并取得了一些重要成就。但是，高校就业教育课程的实施还存在一些问题，例如，大学生就业教育价值观的指导和培养还存在一些问题，大学生就业价值观的教育仍然缺乏系统性。

第一，一些高校就业课程内容缺乏社会主义核心价值观的整合，一些高校就业教育课程中没有核心价值观导向。从总体上看，在实施过程中存在缩小和偏离以人为本的教育理念，功利主义和人文素质欠缺等现象依然存在。一些高校从面试技巧、求职策略等方面开展培训活动，却忽视了道德、人文等方面的价值观教育，使社会主义核心价值观教育内容流于形式，从而导致部分大学生对就业观、职业观等价值观教育缺乏深入了解。

就业指导课程缺乏社会主义核心价值观教育的内容。中共中央要求高校把社会主义核心价值观融入课堂、教材、学生头脑中。按照要求，一些高校就业教育课程设定了内容、目标、方法要求，然而在现场教学中，却局限于提高大学生的就业技能，价值观的引导性也不够。还有一些高校只是讲就业政策、讲授求职技巧，把社会主义核心价值观教育作为次要内容，没有把二者融合一起讲授。

在就业教育课程中，社会主义核心价值观的教学不够生动。例如，大学生的自我意识和心理健康教育与社会主义核心价值观教育的内容关系不紧密，而对就业技能的指导更加重视。教育活动缺乏针对性，与大学生就业的实际需要相背离。社会主义核心价值观的因素没有融入其中，缺乏对大学生的引导作用，这样使得大学生对就业的实质意义没有得到深刻的认识。

另外，大学生在选择职业时，缺乏发展的眼光看待就业。在就业教育教学过程中，很难从理论认知上引起学生的价值共鸣，这将直接影响社会主义核心价值观教育的实施。作为培养和践行社会主义核心价值观的主课堂之一，就业教育课程不仅要解决学生就业知识的积累问题，而且要解决提高就业技能的问题，还必须引导学生树立正确的就业价值观，培养良好的职业道德。

第二，一些高校就业课程的目标是盲目的和分散的。一些高校就业教育课程设置，缺乏价值观的引导内容，这将导致就业教育的功利性。事实上，一些高校只是为毕业生提供就业指导，把就业教育课程视为提高大学生就业率的短期课程，将会忽视以人为本的教育理念。如果不能有效全面地融入人才培养目标，将会导致大学就业教育课程建设中缺乏科学理论和精神指导。如果高校对培养学生人生观和价值观的重视不足，就会导致大学就业教育的发展与人才培养目标的实际需求脱节。

第三，一些高校就业课程的建设没有遵循大学生成长成才的规律。就业教育的目标是促进大学生全面成长成才。高校就业教育课程建设的核心部分是课程模块建设。需要面对的主要问题包括每个模块的教育目标是什么，每个课程模块的发展阶段以及在该模块中培养学生能力的哪些方面。但是，一些高校由于就业指导教师少，在大学生就业教育理论课教学时采用"大班、大课"的授课形式，虽然就业相关的理论知识是全方位的，但这些课程一般安排在大三下学期或大四第一学期。这个时候大学生的主要精力是在找工作或积极奋战考研中，所以学习精力不足、一心两用，导致学习效果不好。同时，因为大学生就业指导课程只针对毕业生开设，这就削弱了学生的主体地位，未能充分立足于学生的发展需求和愿望。同时，第二课堂实践活动缺乏社会主义核心价值观的指导，特别是未能将立德树人的根本纳入就业实践活动中，没有将其贯彻到学生的就业行动实践中。

（三）就业教育师资队伍薄弱

首先，国内大部分高校中的专职就业指导教师十分紧缺，而现有的师资队伍整体素质又不高，开展就业教育困难重重。当前，我国大多数高校就业教育师资队伍主要是由高校就业管理人员、思想政治辅导员以及高校教师混编而成，很少设有固定的专职就业教育指导教师。高校就业管理人员整天忙于应付大量的与就业有关的行政性工作，思想政治辅导员也每天忙于学生工作，再加上没有接受过正规的、系统的就业教育指导培训，开展就业教育指导时难免会感到力不从心。而最后唯一能寄予希望的高校老师，则基本上是"从一个校门进入另一个校门"，缺乏实际求职经验，对就业教育的理解仅存在于书面文字。并且，这些教师大多没有人文学科背景，缺乏一些必要的就业教育理论知识，如高等教育学、心理学、法学、咨询学等。

其次，师资队伍人员流动性偏高。高校大学生就业教育是一项长期性的、连贯性的、系统的教育工作。须知一个稳定的团队对学生的就业指导工作、就业教育工作是极其重要的。当前我国高校的就业教育工作中有相当一部分任务是由政工队伍承担的，而这部分人随着职务的变化，调动异常频繁，具有高流动性的特点。这些都会严重破坏高校就业教育师资队伍的稳定性，影响高校就业教育实效性的发挥。

最后，我国高校就业教育人员数量还有待扩充。目前，"欧美等发达国家的高校就业指导工作专职人员多在1：200"。在结合我国特殊国情的基础上，教育部对我国高校就业指导工作专职人员与学生数量之比基本要求是1：500，而我国不少高校就连这最基本的1：500都达不到。

（四）就业教育组织机构不够健全

自高校扩招以来，大学生的就业问题愈加凸显，国内各高校的就业教育机构虽然都得到了不同程度的发展，但在组织机构建设和机构功能发挥方面仍有很大的提升空间，这在一定程度上也间接的影响和制约了大学生就业教育工作的开展。在过去漫长的"精英化"高等教育阶段，国内高校关注的焦点一直围绕高等教育的科学研究、人才培养这两大基本功能展开，而作为高等教育的社会服务范畴的就业指导工作并不受重视，仅仅被当作思想政治教育的外延来看待。随着高等教育大众化的实现，高校大学生就业也走向了市场。高校就业教育的重要性开始凸显，许多高校开始设置独立的就业教育部门。

目前，国内的大多数高校都实行三级就业管理模式，即分管学生工作的校党委副书记及校级就业指导中心、学院分管学生工作的副书记和毕业班辅导员。尽管看似形成了相对合理的就业教育组织机构，但是这些机构被大量的与就业相关的行政性工作所羁绊，再加上经费不足、专业设备短缺，所以就业教育工作的开展还是困难重重。

此外，就业教育指导机构与其他各教学和培养部门之间也缺乏必要的沟通与协调，导致当就业教育出现偏差时，各部门虽然都发现了问题，却很少主动去解决问题，最终导致就业教育没有得以与思想政治教育、专业教育、心理健康教育等其他教育很好的融合，造成了就业教育与其他教育被人为剥离的奇怪现象。

四、大学生就业教育的途径

（一）建立大学生就业教育的体制体系

各高校必须统一思想，把大学生就业教育工作摆在重要日程，深化大学生就业教育体制改革，切实落实"一把手"工程，书记、校长必须亲自抓，明确各级责任，权责明确，统筹协调，加强人员配置和条件保障，切实提高大学生就业教育水平。

1. 深化三层级工作联动体系

为了更好地进行大学生就业教育工作，学校可根据自身情况确立"齐抓共管，重心下移"的三层级工作联动体系，其重要性和意义不言而喻，就像动车一样，动车的速度改变了原来的火车仅靠火车头带动的原理，动车的快速行驶靠的是每一节车厢动力的联动，当然方向都是一致的。

具体为学校、分院系、班级 3 个层次，按照层级进行不同的分工，但各有侧重，校一级要成立书记、校长担任一把手的学校就业工作领导小组，全面负责就业工作的领导与统筹协调，要设立职能部门，全面负责大学生就业教育工作；分院系"一把手"是分院系大学生就业教育工作的第一责任人，根据本单位具体专业特色开展具有针对性的就业教育工作，也就是具体实施单位；班一级设立专职班主任（在班内可设立就业信息员），班主任全过程动态跟踪学生的就业情况，及时给予引导，并根据情况及时向上一级报告。这样就使得学校、学生、用人单位之间得以快速有效的沟通和联系，形成三级联动机制。

2. 科学保障大学生就业教育工作经费的投入

大学生就业教育工作经费是否能科学有效的到位，充分反映出一个学校对大学生就业工作的重视程度，如果经费不到位，学校不重视，分院系不重视，师生更不重视，这就好比打仗，战士们在前方作战，却没有后方支持，战争结果可想而知。所以，就业教育必须有专项经费作为保障。

第一，成立大学生就业教育工作专项经费管理委员会。该组织以学校财务处为主，财务处要充分发挥其在经费方面的宏观调控以及管理监督作用，所有经费必须围绕大学生就业教育的质量、成本、效率、宣传等因素开展。同时科学引入年度预算以及阶段性预算管理办法，以财务处为主组织就业主管部门编写年度预算，要求就业部门根据学校的就业教育年度工作计划，制定就业教育工作的年度预算，根据计划逐步落实执行到位。

第二，加强对经费使用的分析，建立间接费用模板登记制度，以财务处为主，定期召开月度就业教育工作经费间接性模板费用分析。通过费用分析，促进就业教育工作的开展。同时，财务处根据费用使用效果设立成本奖、质量奖等奖项，对费用使用好的给予奖励。

3.加强和改善高校就业主管部门的工作

高校就业主管部门是全面负责本校大学生就业工作的职能机构，一方面，必须将该机构纳入学校内设机构序列，并根据学校情况给予级别定位，决不能设成临时机构。将学校就业主管部门由大学生就业指导中心（仅仅偏重指导）改成大学生就业教育工作中心，各高校根据本校实际情况在内部设置就业教育研究室、就业教育宣传组、就业教育信息组、就业教育工作外联组、就业教育档案室、毕业生手续办理等机构。同时，必须根据学校实际给予软硬件的科学规范投入，通过优秀的岗位来吸引优秀人才的加入。另一方面，要转变就业主管部门的职能，给予工作定位，在新形势下我们的高校就业工作部门应该从过去高校的一个职能部门上升到学校的高层战略部门，真正实现以就业为导向的人才培养机制，在学校人才培养、专业设置和学科建设中发挥更加重要的作用。因此，在新的历史时期，就业主管部门应该从"就业管理型"向"就业服务型"转变，最终向"就业研究型"的方向发展。就业部门必须围绕学校人才培养战略的中心工作开展创新型的工作，才能真正从根本上为高校大学生就业问题发挥积极的作用。

4.根据职能建立全员就业教育岗位说明书

根据制度中的职责界定和划分，可由人事部门牵头，教务部门、就业工作部门、学生工作部门参与，发动全校干部教师的岗位说明书的起草工作。根据干部教师职工的专兼特点进行具有针对性的岗位内容界定。在岗位说明书里明确大学生就业教育的相关工作内容、工作分量、工作标准、KPI绩效考核以及所需要培训的内容和知识，专业就业教育人员还需要增加准入资格和组织关系等。

5.加强大学生就业教育工作的过程控制和回顾

大学生就业教育工作如果没有过程控制以及工作总结回顾，就业教育工作的实效性就很难实现，同时就业教育工作也很难适应新形势而不断开拓创新。因此，必须加强这方面的工作，一方面，采取月度绩效考核，成立大学生就业教育工作监督检查小组，该小组必须由校党委书记、校长任组长。副组长由各分院系一把手担任，办公室设在大学生就业教育工作办公室，成员包括专业教师、教授，就业教育工作人员代表，企事业社会团体代表，中介机构代表，人才机构代表，学生家长代表等。可根据情况进行综合检查和专项检查，采取定期或不定期检查监督评估的办法，采取满意率调查等方式了解就业教育的效果，对检查评估结果及时给予纠正并通报，看看就业教育服务的质量和数量是否符合相关考核要求，将考核结果和绩效工资奖金挂钩，并将绩效考核结果公示公开，接受监督。

另一方面，各相关部门将年度计划分解为月度计划和周计划。举个形象的例子，就像时钟一样，年计划是时针，月计划是分针，日计划是秒针，秒针推着分针转，分针推着时针转，由此形成计划的有效分解和有效执行。然后计划总结统一由就业教育主管部门进行汇总审核，根据计划情况召开月度大学生就业教育工作调度回顾会，回顾月度计划的完成执行情况以及计划落实的效果。对存在的问题给予协调沟通并解决，并在会上通报绩效考核结果以及监督检查结果。年底召开大学生就业教育年度总结表彰会，对就业教育先进单位和先进工作者进行表彰，对最差后十名个人进行通报批评。

（二）加强大学生就业教育队伍的建设

1. 坚持职业化建设稳定就业教育队伍

职业化建设是大学生就业教育队伍发展的基本要求。如果不坚持职业化建设，队伍的稳定性也就难以实现，队伍的总体质量也就很难保证。因此，职业化就成为大学生就业教育队伍建设所要面临的首要任务。

（1）建立严格的职业准入制度

目前，高校从事就业教育的教师一般都具有高校教师资格证，但并不意味着具有高校教师资格证的都可以从事就业教育工作。由于目前许多高校就业教育队伍的构成主要是辅导员或就业工作行政人员，因这类人员流动性较大，专业性不强，平时又大多忙于各类事务性工作，对经济社会发展形势和学生实际就业创业情况把握不准，这就很难保证就业教育的针对性。

因此，就业教育主体职业化发展，首先要从严格职业准入制度入手。各高校可结合自身实际，从全校范围内遴选，如要求必须具有一定的就业创业经验，且具有思想政治教育、教育学、职业发展规划理论、管理学、创业学等相关专业知识背景；同时具有从事就业教育的道德素养和职业资格证书等具体要求，在经过一定时间的岗前培训、考核取得合格证书后，才能获得该项工作的从业资格。

（2）建立健全职业化的管理制度

尽管教育部早在2008年就有关于就业指导课教师队伍职业化发展的要求，但从各高校的落实情况来看，离职业化的发展要求仍有较大距离。实际上，作为就业教育的中坚和骨干力量，切实可行的管理制度是加强就业教育队伍职业化发展的重要条件。在管理上，就业工作作为高校的"一把手"工程，学校党委要将就业教育队伍建设工作置于就业工作的首位，通过成立就业指导教研室实行统一领导和管理，学校学生工作部（处）、就业指导处、教务处、人事处等相关职能部门具体负责对这支队伍的遴选和培训工作。同时，在职称评定时要根据工作年限和工作实绩给予相应的职称和待遇。在考核上，要不断完善考核制度，使考核结果能够尽量全面体现大学生就业教育实效，对工作不称职的要批评教育，对不能改进的要调离工作岗位，对工作突出者，在职称聘任、干部选拔、晋级等方面给予奖励，从而不断提升队伍的素质结构。

（3）明确职业发展空间

成长有空间，发展有保障，是稳定队伍的核心问题。基于大学生就业教育队伍不稳定的现实，高校及相关教育主管部门要努力为这支队伍搭建发展的平台。首先，在职称评定方面，要设立专门的职务评审标准和实施细则，实行指标单列、序列单列、评审单列，按照助教、讲师、副教授、教授资格晋升。在具体操作过程中，要将就业教育的实绩作为重要的参考标准，以切实解决这支队伍的职称评聘创造条件。其次，要设立专门的科研项目，由于这类人员的工作特性，多擅长经验性总结和传授，在省部级以上的科研项目中，要专门开辟一部分选题针对这类人员，以便使他们的教学经验能得到及时的归纳和分享；同时也能提升他们的教育教学质量。最后，拓展社会实践和培训渠道，大学生就业教育必须切合经济社会发展的现实，培养社会所需要的人才，尤其在大众创业、万众创新的时代，高校也要积极创造条件促进他们深入社会和企业学习考察与培训研修，丰富他们的社会实践经验。

2.坚持专业化培养以增强教育的专业性

专业化建设是把握大学生就业教育规律，增强大学生就业教育质量的根本要求。专业化建设是大学生就业教育专业性的要求，只有专业化的队伍，才能增强大学生就业教育的专业性。

尽管学界很早就有关于实现高校大学生就业教育教师专业化建设的问题，但关于就业教育队伍专业化发展的问题仍没有引起社会的广泛关注。随着"双创"背景下就业形势及经济社会发展的客观复杂性，客观上要求加快大学生就业教育队伍的专业化建设。因此，实现就业教育队伍的专业化发展不仅必要而且可行。

（1）着力提升爱岗敬业意识

建立就业教育专业或学科，培养就业教育专业人才，是实现就业教育者专业化发展的理想目标。但就目前就业教育主体专业化的发展来看，实现这一目标任重而道远。然而，经济社会发展的客观形势，又要求我们亟须提升就业教育的专业化水平。因此，教育、培训、提升现有就业指导人员，使其逐步实现单纯从就业指导转型为就业教育工作，在当前形势下具有现实可行性。如在薪资待遇、职业发展、管理方式等方面加强这一群体的专业化建设，保证他们享有不断学习的机会和广阔的职业发展空间，以提升他们爱岗敬业的意识。

（2）明确的知识结构和扎实的实践基础

没有明确的知识结构要求就难以实现专业化，就业教育教师应该具有怎样的知识结构，是专业化发展的核心问题。就业教育队伍的劳动特点和社会分工的日益精细化，决定了其除了要具有教育学、心理学、法学等多学科理论知识以外，更要具有精深的就业教育相关知识。因此，就业教育主体要在具备就业相关专业知识的基础上，掌握系统的职业指导知识、职业心理咨询知识、职业测评知识、职业法律法规、创业教育等相关知识。同时，还应具备指导参加专业就业、创业社会实践的知识，就业社会实践是就业教育的重要形式之一，实践是理论联系现实的纽带。专业教育的基本教学问题是理论与实践的关系如何协调，因此，扎实的实践基础是促进就业教育主体专业化的关键环节。

（3）提升现有大学生就业指导队伍的就业教育水平和能力

尽管高校就业指导教师同就业教育者不能简单等同，但在长期的就业指导过程中，这支队伍的职业素养、知识结构、教学方法等为就业教育队伍的专业化发展奠定了理论基础。因此，将现有的就业指导教师队伍进行有目的、有计划、多层次、多渠道、多类别的进修培训，在不断提升他们就业指导专业化水平的同时，以系统化、理论化、专业化的工作提升这支队伍的专业化水平和能力。

3. 坚持专家化发展以增强队伍的发展性

职业化、专业化的实现是就业教育主体专家化发展的前提和基础。专家化是就业教育主体职业发展的根本要求，建设一支高水平、高素质的就业教育主体不仅需要高校的高度重视，而且也需要国家的政策支持，更需要个人的不懈努力。

（1）高校的高度重视

就业教育主体作为一支兼有职业指导与思想指导的工作队伍，具有自身的特殊性。高校除了要配备、配齐专职专业就业教育工作队伍以外，还要积极创造条件鼓励他们考取职业指导师、职业生涯规划师、创业指导师等资格证书，以实现职业指导由经验说教向理论研究深入。努力培养一批既能教书，又能育人，还能研究的专家学者。

（2）国家的政策支持

党和政府一直高度重视大学生就业创业教育工作，出台了许多文件和政策，要求高校做好大学生就业教育工作，并取得了一定的成效。但从职业化、专业化、专家化的发展要求来看仍有较大距离，不同高校之间对这支队伍的发展和重视程度参差不齐，表现为多以兼职为主、流动性较大、人员知识结构复杂等。显然，这不符合专家化发展的规律。因此，只有在政策上明确这支队伍的地位和作用，明确这支队伍的职责和任务，明确这支队伍的职业发展方向和目标，做到有章可循，才能从根本上保障就业教育主体的专家化发展。

（3）个人的自我努力

外因是条件，内因是根据，就业教育主体的专家化发展从根本上还要依赖个人的不懈努力。就业教育主体的教育内容之一，即是教育大学生树立远大的职业理想，制定科学合理的职业生涯规划。显然，育人者先育己，专家化的实现绝非一日之功，但脚踏实地不懈的努力、刻苦钻研的精神、科学合理的职业发展规划是专家化发展的基本要求。

第四节　大学生廉洁教育

一、大学生廉洁教育的基本含义

从古至今，传统意义上的廉洁作为一种社会道德准则，一直都是中华民族的优良传统美德。随着社会的发展与时代的变迁，廉洁的内涵也在继承既有的内容中与时俱进，显得愈加丰富。廉洁意识的养成不是一蹴而就、自发形成的，它需要经过一定的有计划、有目的、有组织的教育过程将廉洁规范内化为个体的内心，外化为个体的行为能力和综合素质。

（一）廉洁的内涵

"廉"作为儒家道德范畴，最早出现在《周礼·天官冢宰·小宰》中："以听官府之六计，弊群吏之治。一曰廉善，二曰廉能，三曰廉敬，四曰廉正，五曰廉法，六曰廉辨。"按照经学家郑玄的释义，"六廉"不仅事关一个人对待政事的基本品格，而且是衡量一个人的执政能力、称职与否的关键要素，后来历代统治者也将"六廉"内容作为衡量官员廉政的框架体系。由此可知，"廉"最早大约在西周时期就已正式形成。"洁"，顾名思义就是洁白、洁净之意，引申到人之品格时，常指清白的人格不受玷污。"廉""洁"合二为一成"廉洁"，正如东汉著名学者王逸在《楚辞章句》中所释："不受曰廉，不污曰洁。"也就是说廉洁指警诫不虞之惠，不轻易让清白的人格被玷污。"廉洁"一词最早语出屈原所作的《楚辞》中："联幼清以廉洁兮，身服义而未沫"，意指不接受他人无来由的钱财馈赠，不让自己清白的人品受到玷污，清廉高洁。《辞海》中对于廉洁的解释，即清廉、清白之意。在社会主义现代化建设迅猛发展的背景下，廉洁被赋予了新的时代内涵，习近平总书记强调，敬畏权力、管好权力、慎用权力、守住自己的政治生命，保持拒腐蚀、永不沾的政治本色就是清正廉洁。简而言之，廉洁是一种由价值观和道德感下所产生的道德行为和社会状态，它是人才培养的重要目标，是一种求真务实、艰苦奋斗、位权不骄、诚信守诺、健康环保、清白做人、干净做事的高尚品质。

（二）廉洁教育的内涵

教育有广义和狭义之分，广义指人的一切有目的、有计划地影响身心并作用于客观世界的活动；狭义指学校教育。廉洁教育涉及的是教育的广义范畴，是一切实践活动，是社会教育和学校教育的统一。那么，廉洁教育，以历史和现实角度的廉洁文化、政治视角的反腐倡廉和党风廉政建设乃至政治文明建设为教育资源，以培养廉洁品质、确立廉洁态度、树立廉洁行为并在尊重受教育者身心发展规律的基础上来对待客观事物和处理人际关系。同时，廉洁教育是基于教育主体和教育客体两方面，以多种方式为中介进行的关于廉洁理论等方面的灌输活动，以实现廉洁教育客体在廉洁理论认知、情感、意志和行为上的统一。而且，源于廉洁教育目的的特殊性，不仅要引导受教育者形成以诚信、正直、廉洁为核心的世界观、人生观、价值观，而且还要倡导受教育者树立为国为民的理想，养成有责任心、廉洁、自律、公正的公民意识。正因如此，廉洁教育是蕴含中华传统美德和现代文明社会公民道德准则为一体的教育活动。

总的来说，廉洁教育是指以廉洁为重心，围绕廉洁的内涵、规范和生活方式等对被教育者践行社会教化、思想教育的实践活动，并逐渐使受教育者养成稳定的社会心理、价值观念和行为习惯的过程。

（三）大学生廉洁教育的内涵

教育有广义和狭义之分，本书是指学校教育，即教育者根据一定的社会要求，适应受教育者身心发展规律，对受教育者的身心施加影响的实践活动。同此一理，廉洁教育是指教育者把廉洁教育内容、廉洁教育载体、廉洁教育活动方式融合起来，对受教育者施加影响，以期望习成廉洁意识与观念的社会活动，其侧重点是培养受教育者的崇廉尚洁、廉心公意的道德价值观。

古往今来，中国人一直都很重视廉洁教育，对廉洁教育的内容选择也十分重视。"教训成俗，而刑罚省，数也。"当今社会，高校开展大学生廉洁教育实践活动，通过思想引导和道德教化，正本清源，培根筑魂，增强学生明善恶、辨是非、抵侵蚀、防腐化的能力，对于学生的成长成才具有重要作用。我们要深刻理解大学生廉洁教育的内涵，必须明确大学生廉洁教育与大学生思想政治教育、大学生德育培养之间的内在关系，三者之间既有区别又有内在统一的联系。现阶段的大学生思想政治教育与历史上一切剥削阶级的思想政治教育有着本质的区别，它主要是指马克思主义思想政治教育，通常是教育者为了保证中国共产党和中华民族奋斗目标的实现，以宣传和传播社会主义和共产主义思想体系，引导人们的政治态度，解决各类思想问题，提高思想、道德和心理素质；以完善人格和调动积极性为根本任务，对人们进行的以政治思想教育为核心与重点的思想教育、道德教育和心理教育的综合教育实践，其侧重点是解决分辨是非的问题。大学生德育是指对大学生开展道德教育，也就是用一定的思想观念、政治观点、道德规范对学生施加有目的、有计划、有组织的影响，使学生形成符合一定社会、一定阶级所需要的思想品德的社会实践活动，其侧重点是解决个人言行是否符合道德规范的问题。从内涵与外延来看，可以分析出三者之间的关系甚为密切，其中大学生廉洁教育有特定的教育目标、内容与方式，它属于思想政治教育的范畴，高校开展廉洁教育并不是要脱离高校思想政治教育体系"另起炉灶"，而是全面渗透和推进思想政治教育的完整体系。大学生思想政治教育又属于大学生德育范围之内，因此，大学生德育的概念最为广泛，三者之间是包含与被包含的关系。

习近平总书记指出："青年是整个社会力量中最积极、最有生气的力量，国家的希望在青年，民族的未来在青年。"高校作为培养社会主义接班人的学府殿堂，始终坚持以立德树人为根本任务，持续性地开展大学生廉洁教育工作，为党和国家培养、输送一批批崇廉尚洁、爱岗敬业、全面发展的社会主义事业建设者，对实现中华民族伟大复兴具有重大战略意义。新时代我国社会主要矛盾的转变，大数据、人工智能、云计算等技术的迅猛发展，使得作为网络原住民的大学生更加倾向于追求鲜明的个性和思想，尽管我国廉洁教育开展丰富的实践探索，但仍存在一些新的问题，需予以重视，与时俱进，为培养大学生正确的价值观念和高尚的道德情操，对新时代的大学生加强廉洁教育势在必行。因此，大学生廉洁教育主要是指以"00后"大学生为主要教育对象，教育者根据"00后"大学生的阶段特征和思维方式，以社会主义核心价值体系为价值引领，通过有目的、有计划、有组织地对"00后"大学生开展科学、系统、分层分类、有针对性地学习党和国家关于党风廉政建设和反腐败斗争方面的方针政策、法律法规等知识和社会实践活动，以引导大学生自觉提高道德自律性，增强拒腐防变的能力。

列宁曾指出，"政治上有教养的人是不会贪污受贿的"，这是告诉人们提升崇廉尚德、清正廉洁品性的重要性。大学生是社会主义事业的建设者和接班人，是党和国家未来高素质拔尖人才、廉政建设主体的后备来源，其思想和行为方式廉洁与否关系到党和国家、社会利益以及中国特色社会主义伟大事业建设的成功与否。大学生处于"三观"形成发展的关键时期，心理发展和思想形成都不够成熟稳重，通过开展大学生廉洁教育实践活动，对未来社会主义事业的建设者进行"岗前培训"，将预防腐败的关口前移，有利于引导大学生自觉培养崇廉尚洁、廉心、公益的道德品质，使大学生从学校毕业走上社会工作岗位后能够始终坚持正确的政治方向，正确处理公与私的关系问题，在一定程度上保持清正廉洁的作风，自觉抵制腐败，努力成为真正合格的社会主义事业建设者和接班人。

二、大学生廉洁教育的重要性

（一）社会主义核心价值体系的内在要求

社会主义核心价值体系在中国整体社会价值体系中居于核心地位，发挥着主导作用，决定着整个社会的价值体系的基本方向。高校作为先进文化的传播阵地，对社会主义核心价值有宣传、引导、教育的责任和任务，廉洁文化是社会主义先进文化的重要组成部分，对大学生开展廉洁教育是建设社会主义廉洁文化的重要方式，是社会主义核心价值体系的内在要求。

大学生廉洁教育是对大学生进行预防和惩治腐败教育的第一道关口，加强大学生廉洁教育能够为我国经济社会发展所要求的惩治和预防腐败体系的建成提供最坚实的基础。对大学生进行廉洁教育使其具有廉洁意识，能够在未来走上工作岗位后自觉抵制腐败是我们建设社会主义廉政文化的重要目标，是构建社会主义和谐社会的重要基础，是社会主义核心价值体系的自然之意。

社会主义核心价值体系是大学生廉洁教育内容体系建立的重要基础，社会主义核心价值体系中要求的民主、平等、公正、法治、爱国、敬业、诚信等本身就是大学生廉洁教育的基础和重要内容。大学生廉洁教育是实现全社会廉洁教育的重要基础，大学生是祖国的未来和希望，是社会主义现代化建设的主力军，大学时期是他们形成正确的世界观、人生观、价值观的重要时期，抓住这个时期对他们进行廉洁教育，让他们树立起积极、健康、向上的人生理念、道德情感和理想信念，能够让其在将来进入社会后成为廉洁正直的人，走上领导干部岗位后具有抗腐、拒腐的能力，有利于逐步形成更加廉洁清明的社会环境和整个社会的预防腐败。积极开展大学生廉洁教育是社会主义和谐社会建设的基础，是社会主义核心价值体系的必然要求。

（二）新时代加强反腐倡廉建设的重要举措

随着改革开放的不断深入，社会主义市场经济日益发展，社会财富不断增加，同时，我们面临社会转型等新的时代任务，发展和开放并行，价值观念也更加多元化，各类社会矛盾在社会转型期凸显，反腐倡廉已经成为关系党和国家、民族生死存亡的大事。

传统的廉洁教育关注点主要是党员和国家党政领导干部，更多体现的是"廉政"教育，忽视了大学生这支党政干部队伍后备军。大学生是社会主义现代化建设的高素质人才，被赋予了新的社会角色和社会责任，他们是国家的未来和希望，他们的廉洁状况关系到国家是否能够真正实现全面依法治国和全面从严治党，因此，加强大学生廉洁教育是全面依法治国和全面从严治党，加强反腐倡廉建设的必然要求。

随着社会的进步和发展，反腐败的主体和范围也在不断扩大，我国反腐败体系的构建也需要不断地深化与发展。大学生廉洁教育是反腐败体系建设中的重要一环。从源头抓起，对大学生进行廉洁教育，将大学生廉洁教育融入我国的反腐败体系中，对整个反腐败工作来说，尤其是预防腐败十分重要。

大学生廉洁教育是反腐败工作最起始的基础性工程，开展大学生廉洁教育关系到他们的健康成长成才，关系到社会主义现代化建设事业建设者和接班人的合格与否，关系到民族文化的现在和将来是否能够始终保持先进文化的前进方向，因此，加强大学生廉洁教育刻不容缓，势在必行。

加强大学生的廉洁教育，使他们具有抵抗腐败的免疫力，保证他们成为社会建设的健康血液，能够促进全社会的反腐败斗争，能够引领社会风气朝着更好的方向发展，是对反腐败斗争开展源头式治理。结合党风廉政建设，选择合适的内容和切入点，在大学校园中传播廉洁知识，对大学生开展廉洁教育，对社会崇廉尚洁风气的形成，价值巨大。

（三）传承中华民族廉政文化的重要方式

廉政文化是人们在廉洁从政的过程中以及廉政建设中形成的，是知识、制度、心理等的总和。廉政文化的功能是为了通过丰富的廉政文化建设实践，逐步形成崇尚廉洁的价值判断和社会风尚。廉政文化具有以文化人的作用，具有感染力、凝聚力、震撼力，能够推动社会整体廉洁环境和价值观的形成。

中华民族是一个历史悠久的民族，具有丰富的文化遗产，其中有许多被广为传颂的廉洁文化的内容。历代思想家、政治家、文化家对加强自身廉洁修养、树立诚实守信品格的经典表述，都是中华民族廉洁文化的重要组成部分。在中国历史上，有一大批清官和具有高尚情操的文人，他们创作了非常多的具有廉洁文化思想的诗词歌赋、杂文小说，为我们留下了耳熟能详的廉洁格言，为传播廉洁文化、开展廉洁教育提供了载体。

开展大学生廉洁教育，中华民族传统文化中的廉政文化是重要依据和内容来源。一方面，传统文化中的廉政文化经过千年洗涤，形成了很多口口相传、耳熟能详的典故、格言等，这些内容传承于中华儿女血脉，易于被认识和接受，也易于以各种形式开展教育；另一方面，中华传统文化中关于廉政文化的内容，是中华优秀传统文化的重要组成部分，是重要的文化遗产，需要被继承、延续和发展。以中华民族传统文化中的廉洁文化的内容对大学生进行廉洁教育，能够使广大学生通过了解我国优秀的文化遗产而产生民族自豪感和自信心。

三、大学生廉洁教育存在的问题

（一）廉洁教育流于形式

2007年，教育部颁布《关于在大中小学全面开展廉洁教育的意见》，决定在大中小学全面开展廉洁教育。此后，廉洁意识教育被纳入思政课范围，各高校开设了廉洁教育课程并取得了一定成效，同时也发现不少地方廉洁意识培育注重形式、存在"走过场"等形式主义现象。

如今，很少有专门开设系统、全面的廉洁教育课程的高校，且尚未真正形成廉洁教育长效机制，如果单纯依靠几个专题的简单讲授，缺乏较为系统性、深入性、针对性的教育，大学生廉洁教育很难达到理想的效果。一方面反映了许多高校只注重廉洁培育过程，忽视廉洁培育实际效果，在人力、物力、财力等方面投入力度不够，也没有建立相应完善的廉洁教育考核评价体系，教育效果得不到有效检验；另一方面部分高校也只是把大学生廉洁教育作为完成上级布置的任务，未能深刻领会该课程会对大学生的未来产生重要影响，也就不能做好大学生的廉洁教育工作。

（二）廉洁教育方式较为单一

大学生廉洁教育教学方式比较单一，教学手段也停留在课堂教授、专题报告层面，教育方式缺乏创新。学校也较少开展廉洁教育实践活动，缺乏生活化、趣味化，难以引起学生的学习兴趣，使得教育效果大打折扣。网络新兴媒体等资源也未能得到充分利用。廉洁教育内容较为丰富，如果仅仅通过单一的教学方式将难以激发廉洁意识培育的兴趣和积极性，难以引起学生的情感共鸣和价值认同，也将影响高校廉洁教育的成效。

（三）大学生对廉洁的认识存在不足

根据目前大学生廉洁意识的状况，部分学生对于一些不廉洁行为的认知模糊、淡薄，参加廉洁教育活动的积极性不高，不注重廉洁意识的培养，没有充分认识到国家反腐倡廉政策的必要性，同时也受"唯学历论"和"唯技能论"等传统观念的影响，未能充分领会廉洁观教育对自身发展的重要意义。一些大学生认为廉洁教育只是针对党员、干部，与己无关，觉得企业对廉洁的要求不高，不需要学习廉洁知识，将更多的时间精力花在专业知识和技能培养上，反感学校开展的各种廉洁观教育活动。

大学生作为高校廉洁教育的主体，对廉洁意识的认识不足，将不利于廉洁教育的开展，直接影响廉洁教育成效，影响文明和谐校园的建设，会对国家、民族的未来产生深远影响。

四、大学生廉洁教育的途径

（一）强化廉洁教育观念

高校党委是办学治校的主体，也是管党治党的主体，应履行好大学生廉洁教育的主体责任。2008年，中共中央纪委、教育部、监察部（2018年并入国家监察委员会）联合发布的《关于加强高等学校反腐倡廉建设的意见》指出，大学生廉洁教育应该在高校中统一实施，党委领导，全员参与，全程育人，高校各部门统筹推进，是确保廉洁教育机制长效性、实效性的关键。

1. 提高廉洁教育认识

就目前高校的廉洁教育实施状况来看，许多高校都以不同方式实施了廉洁教育，一些重点院校还通过建立以廉洁为核心的学生社团来进行廉洁教育。但高校对廉洁教育仍存在认识与实践上的误区。

首先，在认识上存在片面性。在调查中发现，高校在认识上的片面性，是重视程度不够的最突出表现。从领导干部到教师、学生，普遍认为廉洁教育的重点对象应该是高校的领导干部，特别是学校的党政领导干部。而作为大部分教师，特别是大学生，不涉及权力，何谈腐败的可能。即使学生涉及腐败，那最多也就是学生干部，而且认为廉洁、腐败距离学生是非常遥远的事情，就算对毕业生也未必有多少影响。

其次，在实践方面重视不足。高校在认识上对大学生廉洁教育存在片面性，导致实践上的不重视。如学校领导一般不会将廉洁教育纳入学校的日常管理和学校的日常生活之中，忽视廉洁教育在大学生群体中的必要性；学校领导一般没有认真对待学生与教师中发生的不廉洁现象，忽视廉洁教育的警示性。在高校的教育活动中，廉洁教育并没有与其他教育资源有效结合，对大学生廉洁意识和廉洁行为的养成一定程度上流于形式。而且在制度保障、经费投入方面亦是十分有限，教育活动的开展在廉洁教育方面体现不足，效果甚微。因此，应通过提高廉洁教育认识，强化廉洁教育的实施。

2. 健全廉洁教育机制

高校目前在廉洁教育方面的系统设置主要为党委、纪委、党委宣传部、思想政治理论课部、学生工作处（部）、各院系分党委、分团委等部门，这个职能部门的分工，确定了其在大学生廉洁教育工作方面的目标与任务。各部门在党委的领导下，各尽所能，各司其职，集中管理，统一指挥，上行下效。这样的管理模式，决定了党委在教育方面的直接领导性，党委对待大学生廉洁教育的态度、认知和行为直接影响着各部门和学校师生对待廉洁教育的价值取向。因此，应首先强化党委对大学生廉洁教育的重视程度。强化党委的重视程度，最主要的就是要在政策上扶持保障大学生廉洁教育的地位、作用和必要性。

（1）加强政策扶持保障

政策支持是避免大学生廉洁教育落入一纸空文的保障，党委支持就是从根本上保证教育的持久性。因此，将大学生廉洁教育的内容纳入大学生人才培养方案，为其编写教学大纲、制定教学计划进度表，使其在定位上成为如思政课一样的基础性课程。同时，提供课程建设相关的人力、场地、经费等项目，为大学生廉洁教育的开展提供硬软件的保障，使大学生廉洁教育真正从源头上"活"起来。

（2）树立高校廉洁教育新风尚

作为党委，应该强化高校对大学生廉洁教育的重视度，这是党委廉洁教育的职责内涵，党委应帮助高校相关领导树立大学生廉洁教育在中国特色社会主义建设中的正确定位。应从为实现中国特色社会主义现代化和中华民族伟大复兴的高度去培养；应将高校廉洁教育与校风、学风、党风廉政建设相结合，使高校教师员工成为大学生廉洁自律的引导者、引领者和榜样，使崇尚廉洁、反腐拒腐成为校风的重要组成部分。应努力培养大学生廉洁教育的专业化、专门化队伍，在队伍建设中以党委引领，以思政课教师主导，以学校日常管理者为主体。为大学生廉洁教育营造良好氛围，加强校园文化建设，积极开展廉洁教育宣传活动。

（3）强化大学师生的认可度

教师是大学生廉洁教育的实施者、教育者，教师的行为态度决定着教育结果。高校党委应加强对高校教师，特别是强化高校教师对廉洁教育的认可，只有教育者自身认识到廉洁教育的必要性，从"知、情、意、行"4个环节重视、投入，才能对学生起到示范性作用，这比枯燥的理论教育更有意义。

大学生是廉洁教育的对象，大学生自身对廉洁教育的认可度直接制约着廉洁教育的效果，因此，应强化大学生对廉洁教育的认可和重视。高校中的大学生是民族精神、民族气质的中坚，是社会中的清泉，是"亭亭净植"，如果在校园中就垮掉了，那未来的社会可想而知。在大学期间，提高大学生廉洁自律的能力，坚定廉洁基本素质，才能不被社会淘汰，才能担负起民族复兴的责任，才能实现人生价值和远大理想。

（二）优化廉洁教育环境

1. 营造清廉的社会环境

社会环境，指的是我们所处的社会政治环境、经济环境、法制环境、科技环境、文化环境等宏观因素的综合。社会环境对大学生的人生发展具有重大影响，社会环境是大学生所面对的诸多环境中相对宏观的，既有我国国内环境的层面也有当前国际社会环境的层面。

第一，从国际社会环境来看，如今的国际社会文化交流便捷、频繁，大学生作为社会上最为活跃的一个群体，更容易接触到国外文化的价值观，而他们又处于价值观相对不稳定的阶段，容易受到不同价值观的影响。优化国际社会文化环境，要从外部环境入手，加强国际话语权，从国际角度订立公约，提倡廉洁清正的国际大环境。

2005年，我国加入了《联合国反腐败公约》，自此我国的反腐倡廉建设与国际社会接轨；2005年，第22届世界法律大会在北京和上海分阶段举行，中外就反腐问题达成多项共识；2006年，世界上首个以各国反腐机构为成员的国际组织——国际反贪局联合会在北京正式成立，会议标志着打击贪污贿赂等腐败犯罪的国际交流与合作进入一个新阶段。进入新时代，在反腐败国际合作上，我国发挥了越来越重要的作用。党的十八大以来，以习近平同志为核心的党中央积极开展廉政建设，深入治理腐败问题，坚持有贪必反、有贪必肃，中国的廉政建设在取得全球瞩目成绩的同时，在国际社会中也越来越具有话语权，完成了从"观察者"到"参与者""引领者"的转变。在中国的主导下，2014年11月，亚太经合组织（APEC）第26次部长级会议通过了《北京反腐败宣言》；2016年9月5日，二十国集团领导人杭州峰会通过了《二十国集团反腐败追逃追赃高级原则》《二十国集团2017—2018年反腐败行动计划》；2017年，中国与东盟发布《中国—东盟全面加强反腐败有效合作联合声明》；2018年9月，中非合作论坛北京峰会发表《关于构建更加紧密的中非命运共同体的北京宣言》和《中非合作论坛—北京行动计划（2019—2021年）》，宣言中提到中非双方应继续对腐败采取"零容忍"态度，不断完善反腐败合作制度和机制。这一系列的"中国方案"说明我国在国际反腐合作上发挥着越来越重要的作用，成了反腐败国家合作的引领者，也意味着我们已经有能力创造更为良好的国际反腐环境。在未来，我们仍需要继续大力推行"中国方案"，为营造廉洁的国际大环境奉献己力。

此外，面对依然复杂的国际环境，还需要帮助大学生树立独立自主的认识观，能够辩证认识不同价值观，取精华而去糟粕，积极学习国际上优秀成果的同时坚持以马克思主义廉洁理论、社会主义核心价值观的指导来面对和审视、挑选外来文化；同时也要正确认识到我国目前在国际社会反腐大环境中的重要作用，更加全面地认识和学习我国的廉洁文化和廉洁实践经验，更加坚定社会主义廉洁观。

第二，从国内社会环境来看，大学生更容易受到影响的方向主要来自国内政治、经济、文化等方面，这就要求我们建立廉洁的社会环境、清正的政治环境、透明公平有序的经济环境以及积极向上的文化环境。进入新时代，中共中央出台了一系列制度加大反腐力度，规范行政、经济行为，同时进一步加强廉洁文化建设，为营造廉洁的社会环境提供了各类支持。

第三，从制度层面来看，先后出台了《十八届中央政治局关于改进工作作风密切联系群众的八项规定》《监察机关特邀监察员工作办法》《中央和国家机关会议费管理办法》《关于加强干部选拔任用工作监督的意见》《关于严禁党政机关到风景名胜区开会的通知》等一系列文件，为规范权力使用、防止腐败滋生扎紧了笼子，既规范了权力的行使也形成了良好的社会监督环境，为营造廉洁清正的社会环境奠定了制度基础。此外，国家领导人高度重视反腐倡廉建设，多次在重要会议上强调反腐工作的重要性，并提出了具体要求和目标，在国内乃至国际社会上影响巨大。

习近平总书记在金砖国家领导人第十一次会晤中指出,"中国将遵循共商共建共享原则,秉持开放绿色廉洁观念,……推进高质量共建'一带一路'";在"不忘初心,牢记使命"主题教育总结大会上强调指出,"一定要坚决清除一切弱化党的先进性、损害党的纯洁性的因素";在十九届中央纪委四次全会上强调:"我们坚持以正风肃纪反腐凝聚党心军心民心,坚决惩治腐败、纠治不正之风,坚决清除影响党的先进性和纯洁性的消极因素。"总书记的多次重要讲话为进一步营造廉洁社会环境提出了要求,也提供了力量和信心,是我们整个社会崇尚廉洁向好的环境的最有力的后盾。

第四,从物质环境建设来看,仍需继续增加廉洁人文景观的建设,"廉洁环境通过语言、文字、建筑、雕塑、园艺等人们看得见、摸得着的直观物质形式和故事、录音等非直观形式,向人们展示着廉洁文化的精神之美。"因此,需要加大对廉洁教育基地、廉洁廊道文化、廉洁园地等人文景观的建设,通过承载廉洁文化的物质环境的不断丰富,给予大学生更多环境的熏陶,在潜移默化中接受廉洁教育,逐渐内化为自身廉洁的价值观。从廉洁文化传播上看,还需要持续积极地通过廉洁的文化作品,廉洁视频、影片、人物事迹等的展播,不断提升大学生对廉洁文化的认同。

只有经过多方面的努力形成合力,才能不断促进社会整体环境趋于廉洁,使得身处其中的大学生能够在潜移默化中接受"润物无声"的廉洁教育,最终得到自我廉洁意识的提升。

2. 营造良好的校园环境

校园环境是大学生廉洁意识提升的重要场所,大学生主要学习和生活的地方就是学校,校园环境对他们的影响显而易见。校园廉洁环境的营造既有良好的校风、学风、教风等文化部分,为学生指出正确的方向,更应当有物质文化的建设,在具体、生动的生活中给学生以廉洁意识教育。

(1) 通过良好的校风、学风、教风等建设促进校园廉洁文化建设

校风是学校各种风气的总和,是长期办学中逐步形成的具有道德和行为层面的风气,是一个学校精神内涵的总括。

廉洁向好的校风对身在其中的大学生具有极为重要的影响。教风主要指的是教师在从事教育的过程中所表现出来的道德品质的总和,作为直接对学生开展教育的主体,其是否能够坚持廉洁从教对学生影响深远。通过建立健全高校教师职业道德规范,将爱岗敬业、刻苦钻研、严谨笃学、淡泊名利、廉洁从教等作为教师职业道德的重要内容,有助于形成良好的教风,给予学生正向的影响,尤

其是当下高校教师在论文发表、项目申报、评奖等方面也偶有不规范行为的出现，对学生廉洁教育的开展非常不利。通过强化优良教风有助于广大教师提升他们的从业规范程度和廉洁意识，有助于他们形成高尚师德，才能更有说服力地对学生开展廉洁教育。学风既是校风的重要组成部分，也体现了学生的思想道德建设成果。通过严肃学风，抓好学生考风考纪等，帮助学生端正认识，提升他们对违规违纪考试作弊等行为的认识，有利于增进他们的诚信意识，提升他们的廉洁意识。

（2）通过打造廉洁教育园地来实现教育目的

教育的基本功能就是其文化功能，就是通过实现文化与人的双向建构来促进文化与人的发展。通过在大学生活动中心、图书馆、体育馆等大学生集中活动之地设计、规划、建设专门的廉洁教育园地，将廉史、廉吏、廉语等廉洁文化元素以回廊、步道、雕塑等丰富的形式予以展现，使得大学生在欣赏文化景观的同时，接受廉洁教育，在潜移默化中接受熏陶，净化心灵，由此达到提升廉洁意识的目的。此外，还可以结合廉洁教育园地开展系列宣讲活动，使参观者在浏览、聆听、体验、互动等多种方式中荡涤心灵，思索感悟，涵养廉洁品格，从而大大提高廉洁教育的持续性、广泛性和针对性。

（3）强化制度建设，提供廉洁校园环境的制度支持

高校要结合自身实际工作情况，因时因地制定覆盖学校组织人事、教学科研、财务管理、学风教风等多个方面的制度，为严格治校、规范办学、依法治校提供制度支撑，才能够有利于促进各个方面工作的公平、公开和公正，维护学校师生的利益，促进干部廉洁从政、教师廉洁从教、学生廉洁修身的良好氛围。通过加强高校制度建设，尤其是反腐倡廉方面的制度建设，培养学生的制度意识，并严格监督制度的实施和责任考核，逐步形成人人坚持制度、遵守制度的态度，形成在制度面前人人平等、谁都没有特权的意识，有利于高校廉洁环境的形成和巩固。

3. 创造良好的家庭环境

家庭环境在大学生进入高校后似乎成了一个并不十分重要的环境因素，实则不然。原生家庭环境对一个人的影响之大，早有公论，中国亦有古语称"爱子不教，犹饥而食之以毒，适所以害之也"，"父善教子者，教于孩提"。家庭正是大学生廉洁教育的启蒙地，我国优秀传统文化中重视勤俭持家的教育，重视路不拾遗的品德教育，这些都可以成为廉洁意识教育的起点。崇廉尚洁的良好家庭环境有利于大学生廉洁价值观的形成和稳固，家庭成员都应当树立正确的世界观、人

生观、价值观，自觉加强反腐倡廉工作，坚持抵御各种诱惑，甘于清贫，淡泊名利，倡导以廉为荣、以贪为耻的家风，常修为政之德、常思贪欲之害、常怀律己之心，把家庭建设成抵制腐败的"牢固防线"。在处理"家事"和"公事"的问题上，不以"家"损"公"；在各自岗位上，时刻严格要求自己，做到警钟长鸣，严把"权力关""金钱关""亲情关"，形成"反腐倡廉从我做起"和"看好自家门，管好自己人"的良好氛围；在家庭关系中，尊老爱幼，关爱兄弟姐妹，亲戚关系融洽，支持家人；在孩子教育上，从孩子很小的时候培养他们勤俭节约、尊师敬长、遵守公德、爱护公物、要有爱心、不乱花钱、不和别人比吃比穿等朴素的道德品质；在社会中，热心公益，行善济困，主动向困难群众献爱心，伸出援助之手。通过积极发挥家庭环境作为大学生廉洁意识教育的起点作用，营造廉洁的家庭氛围，形成以廉洁家风为荣的价值观取向，自觉在家庭中树立拒腐防线，帮助大学生坚定廉洁的价值观。

（三）统筹廉洁教育管理

大学生廉洁教育目标的实现，必须有意识地协调学校各部门的力量，统筹管理，结成教育实体。以廉洁教育为共同目标形成的统筹管理，以廉洁育人为本，教育、培养、塑造以廉洁为荣的大学生。为了实现统筹管理，大学生廉洁教育组织、廉洁教育执行部门和大学生廉洁服务部门必须相互协调。

1. 确立廉洁教育制度

大学生廉洁教育是为实现大学生廉洁意识和廉洁行为的养成，这不仅仅是一个知不知的问题，更是信不信、为不为的问题。要确保大学生知行统一，必须先确保廉洁教育者、组织者和管理者自身是廉洁的践行者，这样开展的廉洁教育活动才具有效性。

作为教育者应具有良好的素养，不仅了解我国廉洁教育的方针、政策，而且还需要有廉洁的基本态度和行为，遵守职业道德、行为规范、法律规范和学术道德。高校教育者应与时俱进，了解当下，在尊重学生身心成长规律的基础上，调动学生崇尚廉洁的积极性，在多形式的廉洁互动中，明白廉洁对自身和民族的意义，并引导大学生在生活、学习和为业的过程中做到养成认认真真、勤勤恳恳、朴实向上、爱岗爱业、崇尚廉洁的优秀品质。为廉洁自律的养成，高校需要建立奖惩机制。对不廉洁、违反学术道德、治学不严谨的教育行为，给予相应的惩处；对恪守廉洁自律规范、爱岗敬业的榜样典范，给予奖励和鼓励，因此更好地推动廉洁教育体系的建设。

2.明确廉洁教育责任

大学生廉洁教育需要由具体部门负责,大学生廉洁教育职责不明确,直接影响廉洁教育的成效,这也是当前大学生廉洁教育效果不明显的最主要原因。因此,明确的责任、有效的组织,是大学生廉洁教育开展实施的前提。

高校应有大学生廉洁教育的专门队伍,专门与专业才能有效地进行廉洁、腐败、廉政等知识的持续宣传和教育。高校的统筹协调,需要明晰职能部门职责。岗位职责是工作的导向,高校是一个庞大的系统,各司其职。因此,廉洁教育也应该有责任部门、有职责分工、有责任担当,应做到廉洁教育既有课程教学环节,又有课下延伸。以党委为统一领导、教务与学生工作部来牵头,以思政课部及团委等教学部门为主体,进行廉洁教育活动的组织实施。同时建立完善的大学生廉洁教育保障机制,确保教育各项经费落到实处。作为高校应该为廉洁教育提供教育场所及活动所需的相关设施,并充分利用校园网站、广播、新媒体等形式,宣传党风廉政建设的先进事迹、重大的方针政策等,加强对大学生廉洁为人的正确引导。同时将廉洁教育课程相关内容纳入思政课,并进行评估考核。

其中,学生工作部在大学生廉洁教育中,因其作用和地位的特殊性,应承担总负责的角色。廉洁教育课程设置,教育资源的搜集、整理,实践教学基地的建设,等等,都是学生工作部需要承担的责任。同时,还要与思想政治理论课部及其他教学组织做好相应的协调工作。

(四)融合廉洁教育过程

目前,高校的廉洁教育虽有实施,但部分高校的廉洁教育只是"独行侠",呈现出不相融的状况。大学生廉洁教育的不融合,是大学生廉洁教育效果不明显的关键所在。例如,廉洁内容集中在廉洁知识、案例两方面;廉洁实践主要体现于廉洁活动。正如此,大学生对廉洁教育缺乏兴趣,感受性不强,甚至厌烦。因此,在高校廉洁教育过程中,应全方位融合。

1.廉洁教育课程融合

(1)将大学生廉洁教育融入思想政治理论课

廉洁教育属于思想政治教育的范畴,有融入思想政治理论课的可能性和必要性,可以很好地帮助大学生树立积极向上的价值观和理想信念,增强拒腐防变的能力。一是实现教育知识内容的融合,如"思想道德修养与法律基础"课程,涉及社会主义核心价值观、法律修养的养成和恪守公私分明的原则等与廉洁教育相关的内容,两者在内容上具有较高的一致性。二是教育对象的融合。大学生群体对廉洁、廉政有较高的关注度，喜爱用事实性案例来反映社会现实，这能很好地引导大学生树立廉政和廉洁理论。三是教育功能上的融合。大学生思想政治理论课是要帮助大学生树立马克思主义科学的世界观和方法论，并能运用相关理论解决问题。廉洁教育的目的是要帮助大学生确立马克思主义的理想信念，成为社会主义合格的建设者。

（2）将大学生廉洁教育融入文化课程

一是融入传统文化课程。传统文化课程，如伦理学、心理学、教育学及文学等课程本已包含廉政观、廉洁观、道德观、礼义廉耻等观念和理念，可以进一步加强突出这部分的教育。二是融入理工课程之中。在自然科学、技术类和工科类课程中有意识地增加廉洁相关内容，如涉及安全性、职业伦理、对公众的职业责任、伦理与规范等，帮助理工科大学生明白其社会历史责任。正因为理工科课程匮乏甚至没有廉洁教育的相关内容，所以对其在课程中进行廉洁教育极为重要。

（3）将大学生廉洁教育融入社会实践课程

社会实践课程有助于培养大学生的社会担当和实践创新能力，对廉洁教育而言，进行社会实践能把价值观外化于行，使主体的自律能力在实践中得到检验和提升。高校应为大学生创造机会，让大学生的廉洁教育能与多形式的社会实践结合，如社会调研、志愿者服务、暑期社会实践、专业实践、助残助学等，这些都是可以与廉洁教育融合的社会实践形式，以实现廉洁教育的具体展开，使廉洁教育由理论体悟上升到现实应用。

此外，互联网等虚拟形式，也应是大学生廉洁教育相融合的领域。互联网是大学生存在的一种方式，应加强互联网在大学生廉洁教育中的作用，把互联网作为第二课堂。利用互联网进行网络廉洁教育，不断发现廉洁教育与现实路径融合的契合点，让廉洁教育成为大学生生活学习的一部分，成为一种习惯。

2. 廉洁教育组织融合

廉洁教育要实现教育过程的全方位融合，需实现组织系统的合作作用，廉洁教育的教育者、管理者与学生应有机统一于廉洁教育系统之中。同时，廉洁教育组织中的每位个体在进行廉洁教育的过程中能够将教育影响力辐射周边，使越来越多的人参与廉洁教育活动，发挥教育的效能，产生强大的教育合力。正如马克思所说："不仅是通过协作提高了个人生产力，而且是创造了一种生产力，这种生产力本身必然是集体力……从而提高每个人的个人工作效率。"高校党委、团委、纪委等组织部门与廉洁教育专门性队伍要步调一致，有利配合，为全方位的教育融合提供组织合力。

3. 廉洁教育文化融合

交流能实现与专家学者、高校及大学生之间的互动，在互动中彼此了解，相互促进，从而避免闭门造车。一是校际的交流，可以形成会议的形式并使之常态化，同时还以高校互访，来促进大学之间探讨、交换关于廉洁教育的相关成果，推进各自有益成果在各高校中的应用推广，以进一步扩展大学生廉洁教育的内容，实现大学生廉洁教育的更合理、更优化。二是可以推进校内交流，大学生廉洁教育在高校的进展并不理想，所以可以通过校内交流来促成全方位的融合。

第五节 大学生婚恋教育

一、大学生婚恋教育的重要性

（一）大学生健康成长的需求

我国在校大学生大多数已经成年，由于生活水平的提高，性成熟早已完成，渴望发展两性关系，所以大学生的恋爱行为越来越普遍化。然而，由于大学生生活阅历较为简单，感情经历相对单纯，恋爱给大学生们带来甜蜜的同时，也容易带来苦涩，甚至带来了一生不可磨灭的悔恨。爱情如此重要且难以避免，可以说，大学生是否有能力正确认识和处理情感问题，关乎大学生的身心健康。而且，大学生正处于求学的重要阶段，科学知识的学习和自身能力的锻炼需要耗费大量的精力，一旦情感问题没有处理好，极其容易影响到大学生正常的生活和学习。

婚恋教育作为价值观教育的重要组成部分，是世界观、人生观、价值观教育的有机构成部分，是教育的应有之义，也是大学生成功走向社会的重要教育内容，不可或缺。习近平总书记在考察北京大学时形象地比喻了青年价值观教育的重要性。他说："这就像穿衣服扣扣子一样，如果第一粒扣子扣错了，剩余的扣子都会扣错。人生的扣子从一开始就要扣好。"

（二）高校安全稳定和谐的需要

高校是传播高深学问的场所，是先进科学文化知识的汇聚地，对人类文明的传播具有重要意义。高校的安全、稳定、和谐是教学、科研、社会服务等各项工作顺利开展的前提条件。为了确保人才的培养，确保社会的和谐发展，必须保证高校良好的环境。在媒体的曝光下，大学生因恋爱失败自残、自杀、报复等极端行为屡见不鲜，这些事件的发生对其他学生也造成了极为负面的影响，而且大学生的心智尚未成熟，有从众跟风的心理，一不小心就容易引发群体行为，后果不堪设想。

（三）社会和谐发展的需要

大学生的健康成长不仅关乎其个人的前途未来，还对其原生家庭有重要的影响。当前的大学生大部分是独生子女，孩子对于一个家庭的重要性不言而喻。家庭是社会的重要组成部分，家庭的和谐稳定直接关乎社会的和谐稳定，家庭在维护社会和谐稳定中起着至关重要的作用。大学生的婚恋问题处理不当，不仅大学生本人可能受到伤害，其家庭也可能受到重创，甚至影响社会的和谐稳定。

（四）国家民族未来繁荣发展的需要

当今和未来的国际竞争，说到底是人才的竞争，在校大学生作为我国未来人才的后备力量，我国能否在未来的国际竞争中取得优势，关键就是看我国大学生的能力和素质能否达到相应的水平，能力和素质不仅包括专业知识和素养，还包括人际交往等综合素质。而且，如果不能妥善处理情感问题，长期遭受情感问题的困扰，势必会阻碍大学生在科学文化知识上的学习，也为自身的成才设置了障碍，甚至可能埋下"定时炸弹"。

二、大学生婚恋观存在的问题

（一）恋爱动机不端正

当代大学生的恋爱动机呈现出多样化的特点，部分大学生的恋爱动机存在问题。总体上看，这些错误的恋爱动机可以分为以下三大类。

1. 排遣寂寞

伴随着紧张而又充实的高中生活的结束，大学新生面临的将是精彩纷呈的大学生活。面对这突如其来的人身自由和大把课余时间，一部分学生表现出了极强的适应能力。他们抓紧机会利用时间来努力充实自己，积极参与社团活动，认真学习专业知识，以提高自身的综合素质。但也有一部分同学表现出了截然相反的状态。没有了家长的安排以及老师的督促，他们开始放飞自我沉迷享乐，在浑浑噩噩中度过了一段时间以后感觉到了孤单寂寞，需要找一个人来陪伴自己打发无聊时光，因此决定开始寻找恋爱对象。以这种错误的恋爱动机发展起来的恋情，是缺乏稳定情感基础的。

2. 随意从众

从众心理是一种较为常见的社会心理现象，在大学校园中也很普遍。部分大学生看到谈恋爱的人成双入对，对比自己却形单影只，心理上觉得难以平衡，因此随波逐流寻找异性来满足自己的心理需要。这种随意从众的恋爱心理容易使大学生在爱情中迷失自我，对自己是否真正需要爱情产生怀疑，阻碍了正确婚恋价值观的形成。

3. 盲目攀比

大学生在相同的环境下学习、生活、交往，彼此的文化水平和思想观念在一定程度上有许多的相似性，加之当代大学生大多是独生子女，从小娇生惯养的他们好胜心强，极易造成相互攀比的情况。在生活中，吃、穿、住、行别人有的我也要有，别人有的我要更佳。在恋爱上，也存在这种盲目攀比的现象。感觉各个方面都不如自己的某人都能找到心仪的对象，自己也要找一个更好的人来满足自己的虚荣心，通过吸引异性的眼球来彰显自己的独特魅力。

除了以上 3 种错误恋爱动机外，还有学生是为了寻求恋爱的刺激而谈恋爱，即"游戏恋爱型"，另有一部分学生为了积累经验而谈恋爱，即"经验积累型"，还有同学表示想谈恋爱只是为了满足生理需要，等等。总体上看，当代大学生在恋爱动机方面呈现出鲜明的多样化特征。

（二）责任意识不强

1. 恋爱态度轻率

随着生活节奏的加快，一些大学生谈恋爱不再是为了追求长久的爱情，而是为了体验恋爱过程中的愉悦感受，他们对恋爱的后果不予考虑，甚至不愿意承担恋爱后应负的责任与义务，即所谓的"快餐型"恋爱。一些大学生认为，这种"快餐型"恋爱既能快速地获得恋爱经验，又能在感情走到尽头时选择果断结束，不必为了承担责任而头痛，也不失为一种选择。可以看出，一些大学生情侣将恋爱与婚姻割裂开来，在恋爱中只考虑双方如何愉悦身心，而不考虑将校园恋爱当作未来婚姻的基础，对于所承担的家庭、社会责任缺少认识，难以将恋爱的归属与婚姻结合统一。

与恋爱态度轻率相伴而来的就是分手态度随意。如今，年轻人追求个性独立、自由，自我意识较强，在恋爱过程中一旦遇到问题就容易以分手作为解决问题的方法，肆意践踏别人的心意，根本不顾对方的感受，这既是对自身的不负责任，也是对爱情的不尊重。

近年来，由于情侣吵架闹分手导致自杀、他杀等暴力事件层出不穷，一些青年大学生游戏人生的态度既给自身带来了许多无形的伤害，又给社会青年群体造成了负面影响，在一定程度上引起了人们对大学生恋爱的反感。

2.恋爱行为随性

随着时代的进步，当代大学生婚恋思想观念日益开放。在谈恋爱时，他们敢于表达自己的情感，恋爱方式逐渐公开化。在校园里、大街上随处可见大学生情侣的身影，他们同进同出、一起吃饭、一起学习、一起参加实践活动，构成了校园里一道亮丽的风景线。当然，这样适当合理的文明恋爱方式无可厚非，但一些校园情侣丝毫不顾及别人的感受，在公开场合做一些过分亲密的举动，如在公共场合热吻、在图书馆公然搂搂抱抱、在公交车上坐男朋友大腿等诸多失范行为，这既违反了婚恋道德的基本规范，也不符合社会各界对大学生的角色期待，影响了大学生整体在社会公众当中的形象。

（三）性观念过度开放

1.对婚前性行为接受度过高

从现实情况来看，大学生在恋爱期间发生性行为的情况十分普遍。一些学生认为，感情发展到一定程度就要顺其自然，是否发生关系只取决于男女双方是否两相情愿，与其他人没有任何关系，他们有选择发生或不发生的权利。此外，一些学生表示理解同居现象，他们认为婚前同居是模拟未来的婚姻生活。一方面，有利于更加深入地了解对方。两人同进同出、同食同寝能够更加在细微之处了解一个人的真实面貌，在相互磨合中为未来的婚姻生活打好基础。另一方面，同居能够使二人有一个独立的相处空间，有利于情感升温。从经济状况上来说，两人能够共同分担租房费用，经济负担较小。

与婚前性行为发生率日益增高相伴而来的就是性行为的安全问题。近年来，社会各界对公共卫生事业发展的关注度逐渐攀升，我国对性知识以及安全性行为方面的宣传力度不断加大，但仍有部分大学生对性知识的掌握度不高，甚至可以说是知之甚少。部分大学生在好奇心的驱使下开始尝试性行为，却不知道在性生活中如何保护好自己，轻则意外怀孕、堕胎流产，给女性身体带来极大的伤害；

重则感染艾滋病等传染疾病,这不仅严重影响自己的身心健康,而且还影响未来正常的婚姻家庭生活。

2.爱、性分离

一些大学生片面放大了西方开放自由的性观念,认为开放的性观念就是主张随"性"而为,认为性是一种感官体验和生理需求,无爱也可有性。这种过度开放的性观念是对婚恋道德规范的挑战,它将性与爱割裂开来,将性行为单纯地描绘为肉体的需要,这种无视人类需要的社会属性的随意态度,实质上是将人的需要降低为动物的纯粹生理需求。

受这种错误性观念的影响,一些大学生开始放纵自我,更有甚者利用自己的身体赚取钱财来满足自己的私欲,也有男生为了性的享受不惜付出了物质甚至身体健康的沉重代价。这既严重地损害了大学生的身心健康,又败坏了社会风气,是不负责任也是极其不道德的行为。

三、大学生婚恋教育的途径

(一)加强学校教育作用

学校是大学生教育的主阵地,高校在抓好文化教育、思想素质教育的同时必须重视大学生的婚恋观教育,承担起教育责任,通过加强社会主义核心价值观教育、开设婚恋道德和性教育相关课程、进行婚姻法教育来帮助大学生树立正确的婚恋观。

1.加强社会主义核心价值观教育

党的十八大首次从国家、社会、公民3个层面概括了社会主义核心价值观的基本内容,为大学生的婚恋观教育指明了方向。大学生的婚恋观教育必须以社会主义核心价值观贯彻始终。在尊重大学生个人思想独立的基础上,保证大学生婚恋观与主流价值观相一致。习近平总书记指出,要用"教育引导、实践养成、制度保障"的途径来促成社会主义核心价值观转化为人们的"情感认同和行为习惯",以此来真正发挥社会主义核心价值观的思想引领作用。大学校园可以通过理论学习来进行教育引导,也可以组织丰富多样的实践活动来增强大学生社会主义核心价值观教育的实效性。

(1)营造良好的校园环境

营造良好的校园环境,形成积极和谐的舆论氛围,能够在潜移默化中实现大学生的价值认同,在大学生的生活和学习中融入社会主义核心价值观。高校应积极开展校园文化活动，用各种新颖的宣传手段来对核心价值观进行传播，使大学生在日常生活中学习到社会主义核心价值观的真正内涵，最终在主流观念的引导下正确看待男女关系，做出理性的婚恋选择，形成健康向上、勇敢乐观、自由平等的婚恋观念。

（2）通过课程内容系统学习提升大学生对社会主义核心价值观的认同感

充分发挥思想政治理论课灌输主渠道作用，进行有计划的、系统的核心价值观教育。引导大学生自觉参加社会实践，建立良好的同学关系。同时创新课程内容，根据当代大学生的性格特点、个体差异完善课程内容。深入了解大学生在社会主义核心价值观认同中存在的思想困惑，找到矛盾点并有针对性地进行解决。理论的说教、墙上的标语、嘴里喊的口号都无法真正做到触动人心，都无法达到模范人物的示范所带来的教育效果。鲜活的模范人物更具有感召力，所以课堂教育要减少枯燥的说教，运用鲜活的人物事例和爱情模范故事进行理论传导，增强课堂教育的时效性。以此引起大学生的情感共鸣，使之感受到社会主义核心价值观的正确性，最终形成积极正确婚恋观念。

（3）形成理论与实践相统一的局面

通过校园环境的感染和课堂教育学习，大学生会认识到社会主义核心价值观的现实意义。但是要想将婚恋理论与实际行动联系起来，就要通过社会实践将社会主义核心价值观内化于心，引导大学生积极主动参与社会实践。促进大学生在生活中遇到感情困扰、矛盾冲突、婚恋迷惑时自觉运用社会主义核心价值观规范自己的言行，找到解决问题的正确办法。通过社会实践提升大学生道德认知，使其在进行婚恋选择时具有责任意识，摒弃错误的婚恋目的；使其在婚恋生活中承担相应义务，不做道德和法律不允许的事情。通过社会实践，使大学生找到自身与社会的结合点，不断加深对社会主义核心价值观的了解，深入理解社会的道德准则和公共秩序，锻炼大学生的意志，培养吃苦耐劳的精神，提高抗挫折能力和对社会的适应能力，以免将来走入社会后轻易被困难打倒或是受到不良诱惑做出错误的婚恋选择。

2. 开设婚恋道德和性教育相关课程

根据大学生婚恋观存在的问题，学校应该提高教育的针对性，开设与婚恋道德和性教育相关的课程。婚恋道德是婚恋行为的思想基础，在婚恋生活中，只有诚挚的感情和强烈的责任感才能维持一段长久的关系。但是，大学婚恋道德教育只体现在"思想道德修养与法律基础"的小节中，内容单一，涉及知识少，没有系统的课程规划，课时少无法使教育达到应有的效果。

(1) 大学应该设置专门的婚恋道德教育课程

课程内容要涵盖恋爱道德、婚姻伦理、责任意识、忠诚意识、婚恋审美等多方面的内容，并与其他基础课程结合起来，达到相辅相成的效果。要帮助大学生认识婚恋中的各种需求和责任义务，学会调节婚恋过程中的各种关系，做出理性选择；鼓励大学生进行正常的人际交往，避免因为孤独或是显示自我价值而恋爱的行为发生；让大学生意识到应该通过学习知识和美好的友谊来充实自己的生活，通过出色完成课业要求和参与各种课外活动来体现自身价值。

(2) 学校还应转变"谈性色变"的传统思维方式

学校应该进行专业的性教育，让学生意识到这个东西是可以被讨论和了解的，相关知识是应该学习的；引导大学生用正确的态度面对"性"，用正确的观念面对婚姻和爱情。性教育包括基础生理知识、心理知识、性道德、性健康等多个方面。根据大学生的婚恋现状，尤其要加强避孕和艾滋病预防的教育。要使大学生了解疾病的预防措施、疾病的传播方式、疾病的危害；提高防范意识，学会保护自己；在社会道德规范的约束下，进行健康合法的性行为；了解"性"的两面性，不轻率随便的进行性活动。学校科学的性道德、性知识、性健康教育会减少大学生一夜情、被包养等现象，降低意外怀孕、患艾滋病的风险，最终创造出一个良好的校园婚恋环境。

3. 重视婚姻法教育

爱情和婚姻不仅受道德的约束还受到法律的规范，因此高校在婚恋道德教育、性教育的基础上还要进行婚姻法教育。婚姻法是以社会伦理和道德规范为基础制定的法律，所以它比其他法律更贴近生活。婚姻法教育也较其他法律更具有引导作用，应该被作为一门基础课程面向全校学生开设。通过婚姻法教育提高大学生的婚姻法律意识，完善大学生道德人格，成为一个形式婚恋权利并履行婚恋义务的人。

(1) 引导大学生明确婚姻中的权利与义务

2005年3月我国实施的《普通高校学生管理规定》中规定，从2005年9月开始在校大学生只要达到法定结婚年龄，并符合其他婚姻法规定条件就可以登记结婚。大部分大学生对新规表示支持，还有部分大学生真正实现了自己的想法，选择在大学期间结婚。大学生婚姻的合法化对高校教育工作提出了新要求。大学生知道自己可以结婚，但是对婚姻生活的权利和义务具体都有哪些并不了解。学校可以开设婚姻法课程或者请相关领域专家进行专题讲座，引导大学生了解法律规定下的婚姻关系，正确认识婚姻的权利与义务。对婚后出轨、弃养等违法行为进行重点讲解，使大学生在处理两性关系和婚后家庭关系时自觉守法。充分发挥基础设施作用，对与婚姻相关的法律法规进行宣传，利用校内宣传栏、校内广播、校报进行普法教育。还可举办婚姻法知识竞赛，设置奖项，让学生积极主动地学习相关知识，在轻松愉快的氛围下接受婚姻法教育。并根据婚姻法制定相关校规，对校内婚恋不当行为进行约束，采取适当的处罚措施。

（2）教育大学生善于运用法律武器维护自身权益

当婚姻生活中的权益遭到侵犯、受到伤害时，要学会保护自己。在大学阶段走进婚姻的学生心理上还不够成熟，对婚姻生活的利弊无法全面预判，容易导致婚后出现生活不和谐、冷暴力甚至婚姻破裂的结果。学校课程应该重视《中华人民共和国民法典》（以下简称《民法典》）"婚姻家庭篇"中关于夫妻双方财产规定的教育。一旦婚姻无法维系，要学会用法律的武器维护自己的经济利益；还应重视相关法律中关于家庭暴力或虐待家庭成员的规定，重点提高女大学生的自我保护意识，维护自己的人身权利。

（二）发挥家庭基础作用

父母是子女的第一任老师，父母的婚姻状况以及行为举止、生活作风等都无时无刻影响着子女，进而对子女婚恋观的形成产生巨大的影响。因此，重视家庭中的婚恋观教育，使其发挥应有的作用，也是当代大学生婚恋观教育引导中的重要一环。

1. 强化家庭婚恋观教育理念

长期以来，中国父母哺育子女的重点主要是满足于吃穿住用行的物质层面及他们的智力成长，而对于他们成长过程中的其他正当、合理需求，如心理、情感教育明显不足，以致他们在面对婚恋问题时茫然无措，有时甚至会犯下错误。新时代下，家庭中的父母必须转变教育理念。

（1）重视婚恋启蒙教育

家长作为子女的启蒙教师，家长应义不容辞肩负起子女婚恋、性知识的启蒙教育责任，适时、适度地将婚恋教育融入其日常生活，让子女在循序渐进中接触、掌握相关科学知识，确保他们不会因无知、好奇而轻易尝试，犯下"低级"错误。新时代下，我们应该敞开胸襟，接受时代新变化，在婚恋、性教育上给予子女更多、更好的启迪和引导，帮助他们形成正确的婚恋观，特别是性观念。

（2）帮助子女树立正确的幸福理念

父母在教育子女的方式中过多溺爱，带给子女的只是短暂的快乐，未来的幸福生活更多需要子女自己去创造。大学生的思维、心理逐渐成熟，父母应放手让他们成长，培养他们的独立人格、自强精神和责任意识，独立思考、独立面对在恋爱过程中遇到的所有困难和挫折，强化大学生靠自己的双手去获取和创造幸福的观念。

2. 营造和谐的家庭氛围

苏联教育家苏霍姆林斯基认为："父母是子女的榜样，特别是在爱情方面，带给子女的影响和教育力量是无比巨大的。"因此，必须努力营造和谐的家庭氛围，给子女上好爱情启蒙第一课，以润物细无声的方式传递正确的婚恋观，打好大学生婚恋教育的基础。

（1）父母之间做到相互尊重

父母是子女的第一任老师，他们从出生开始便受到父母言行的耳濡目染，获得关于恋爱、情感、婚姻、家庭等第一手知识。以此为基础，逐渐形成自己的婚恋观。和谐的家庭关系不仅能使子女在幸福中健康成长，还会使他们模仿父母选择伴侣，冷静、理性处理婚恋中出现的问题。为此，父母在家中要做到相互尊重，互相理解，即中国传统婚恋观中的"相敬如宾"，万事先为对方考虑。做到这点，家庭关系自然和谐温馨，会给子女的婚恋观带来正面引导，即以平等的身份、互换的视角看待伴侣，免受或少受地位、金钱等外在因素影响，形成科学、正确的婚恋观。特别是来自农村的家庭，父母在相处中要注重男女平等，不论是地位上还是经济上，要传递科学、平等、健康的婚恋观念，这样才能使子女在家庭中吸收"有营养"的婚恋观。

（2）建立平等的亲子关系

中国传统家庭关系讲究"尊卑有序"，子女不能忤逆父母。这种过于严厉，甚至不近人情的理念多会造成家庭关系紧张，不利于子女从父母那里得到正确的人生价值观。当今社会，父母应抛弃传统家庭观念中的错误成分，放下"面子"，和子女结为平等的"伙伴"关系。做到这点，子女才会敞开心扉，知无不言，言无不尽，将自己的"秘密"，如感情上的想法、做法及困惑及时且毫无保留地告诉"朋友"身份的父母，并且还能认真聆听，接受父母在这些问题上的建议和忠告，使其在婚恋问题上不犯错或少犯错。

（三）发挥社会引导作用

当代大学生的健康成长，不仅需要学校和家长的协同培养，还需要良好社会环境的影响和熏陶。通过采取有效措施，加大对社会群众婚恋观的引导力度，倡导遵守恋爱道德规范，弘扬婚姻家庭美德，净化社会风气，为大学生创建良好的社会婚恋氛围。

1. 加大对大众传媒的监管力度

电视、网络等大众媒体的广泛应用，为当代大学生的学习和生活提供了极大的便利，也为大学生提供了一个拓宽视野、提高综合素质的平台。然而，毋庸置疑的是，大量鱼龙混杂的信息给大学生带来了许多不良的影响，这些影响正逐渐侵蚀大学生的思想。所以，做好大众传媒的净化工作是助力青年大学生健康成长的迫切需要。

第一，政府部门要加大对大众传媒的监管力度，唱响社会婚恋观主旋律。要想实现社会婚恋文化环境的风朗气清，必须加大对大众传媒的监管和治理力度。政府部门要致力于增强大众媒体的责任意识，引导他们坚定不移地以马克思主义思想为指导，负责任地传播社会主义先进文化，恪守文化传播的道德底线，批判那些违背道德的婚恋行为，宣传健康、积极、符合社会发展的主流婚恋观。与此同时，对那些传播暴力、色情元素的影视作品及音像、书刊进行严格监管并加大惩罚力度，确保从源头上防范和抑制大众传媒市场逾越道德底线的商品化、娱乐化现象进一步蔓延。

第二，积极鼓励大众传媒通过影视作品等来引导正确的婚恋舆论导向，形成对社会的辐射作用。近年来，影视作品中经常渗透一些出轨、婚外恋等现象，过度渲染了一种婚恋不易的社会氛围，加之社会公众人物不良婚恋状况的推波助澜，导致部分大学生对婚姻和恋爱产生了一种畏惧心理。面对如此状况，文化出版部门要在关注经济收益的同时承担起文化育人的重要责任，传媒管理部门要鼓励出版社、作家创作一些富有思想内涵和文化深度的影视作品，以人们喜闻乐见的传播形式增大婚恋观教育的覆盖范围，为大学生婚恋观的形成创造一个良好的社会文化氛围，对学校教育和家庭教育起到补充作用。

2. 推进道德和法律体系建设

风朗气清的社会环境，需要道德和法律体系的不断健全和完善来维持。良好的社会婚恋环境同样需要在完善婚姻法律制度的同时辅之以道德约束的手段，才能达到促进良好社会婚恋环境形成的效果。

第一，加强对婚姻的立法保护，完善结婚以及离婚相关法律。《民法典》中的"婚姻家庭篇"作为调整一定社会的婚姻关系和家庭关系的法律规范的总和，是一定社会的婚姻制度在法律上的集中表现。它既包含对结婚、离婚以及夫妻关系的规定，也有对于父母和子女以及其他家庭成员权利与义务的规定。但就目前相关法律规定来看，对于那些在婚姻存续期间出现背叛行为的过错方惩罚仍旧太轻，不足以产生足够的威慑力来震慑住婚内出轨行为的发生。因此，需要加大对婚姻中过错方的惩罚力度，维护合法婚姻的神圣性。与此同时，还要加强对离婚事件中无过错方权益的保护，完善离婚损害赔偿制度，通过法律手段来维护无过错方的合法权益。发挥法律的指引作用，引导大众自觉约束婚恋行为，强化婚恋责任意识。

第二，加强婚恋道德教育，发挥道德约束的重要作用。众所周知，我国《民法典》中的"婚姻家庭篇"所保护的是满足国家规定并取得婚姻许可的男女双方的合法权益，而对于那些尚处在恋爱期间并没有办理结婚手续的人来说，是不受《民法典》中相关法律保护的。因此，加强对社会成员的婚恋道德教育，提高社会成员的道德水平，引导社会成员自觉遵守婚恋道德，保持文明、健康的恋爱行为是极为必要而且重要的。相对于法律规范而言，对那些存在失范婚恋行为的个人进行道德教育，使其进行自我反省，以达到由内而外规范婚恋行为的目的，这是为当代大学生创造一个良好的社会婚恋环境的另一项基本手段。

3. 开展婚恋观教育专项服务

相较于学校教育和家庭教育，社会教育的覆盖范围更广，影响时间更长，教育形式也更加灵活，在个体全面发展的过程中的重要作用不可替代。对婚恋观教育而言，仅仅通过家长的言传身教以及教师的普及教育是远远不够的，更需要政府发挥其公共服务的职能，开展形式多样、内容丰富的婚恋观教育活动，提升婚恋服务质量，为社会婚恋大环境的发展做出积极贡献。

第一，培养专业婚恋咨询、服务人员，深入基层宣传科学婚恋观，形成主动服务的意识。如今，我国提供婚恋情感咨询的服务机构大多属于私人营利性服务机构，虽然能够在一定程度上缓解政府部门婚恋服务不足的压力，但由于其营利性的机构性质，使部分真正有需求的民众望而却步。

所以，我们要加大对政府部门中专业从事婚恋咨询、服务人员的投入，提升婚恋咨询、服务人员的专业素质，组织这些专业人员深入基层，走进社区、乡镇甚至是群众家中，除了宣传科学的婚恋知识以外，免费开展婚恋情感咨询服务。对那些已经存在问题的家庭，开展针对性的婚恋观教育，并定时进行回访以观察实际解决情况，以提供基层群众满意的婚恋咨询、指导服务。

第二，利用社区平台，联合专业婚恋咨询机构，设立情感咨询处。实现基层群众系统全面地接受婚恋观教育，仅靠政府部门专业服务人员的努力是远远不够的，还要与专业情感咨询机构携手，动员他们投身社会公益事业，共同为和谐社会的建设添砖加瓦。在政府的指导下，联合专业情感机构开展社区婚恋专项服务。在社区居委会中专门设立情感咨询室，定期请专业的情感咨询师进行婚恋指导，为社区内有需求的家庭提供服务，促进家庭和谐。针对社区中的青少年们，专门开设青春期指导服务，提供有针对性的指导内容，以弥补学校教育和家庭教育中容易忽略的性教育方面的不足。

此外，在加强科学婚恋观宣传的同时，引导大众提高对婚恋过程中矛盾处理的重视程度。在大多数人的心中，认为夫妻之间矛盾处理是小问题，只要冷静一下矛盾自然就会消解。长此以往就会造成婚姻中长期妥协的一方怨气逐渐积聚，使矛盾不断激化，最后导致离婚甚至是恶性事件的发生。

因此，要引导人们形成寻求情感救助的意识。在婚恋过程中遇到难以解决的问题时，要及时寻求相关部门的帮助，不要等到矛盾已经激化到无法控制的地步时才开始寻求援助，到那时即使矛盾得到解决也无法弥补自己所受到的伤害，给自己造成身体和心灵上的双重打击。

（四）培养大学生婚恋中的自我教育能力

1. 树立正确的人生价值观

习近平总书记在同大学生座谈时强调："要树立正确的世界观、人生观、价值观，掌握了这把总钥匙，再来看看社会万象、人生历程，一切是非、正误、主次、一切真假、善恶、美丑，自然就洞若观火、清澈明了，自然就能做出正确判断、做出正确选择。"

大学生思考和规划自己的人生之路，首先要学会科学看待人生的根本问题，树立正确的人生观、价值观，明确人生目的，端正人生态度，认识人生价值，为创造有意义、有价值的人生奠定良好的基础，这些对自身婚恋观的形成会起到重要的影响。

大学生要树立健康的恋爱目的，在婚恋中要相互爱慕，要以纯洁、专一的态度对待爱情，不能因一时好奇、新鲜或有其他目的而去恋爱，其中脚踏多只船、多角恋、在恋爱中与他人暧昧的行为都违背了爱情专一、忠诚彼此的本质。那样的爱情往往很难走到最后，是缺乏责任意识的表现。

同时，要求大学生在恋爱中要做到知行合一。这里的"知"是指良知，在婚恋问题中多指知晓婚恋问题中的道德伦理；"行"是指实践，在婚恋中指大学生的婚恋行为。"知行合一"在婚恋中是指知晓正确的婚恋道德伦理意识，在实践中践行此意识，进而做出正确、健康、理性的婚恋行为。因此，大学生要在明事理的基础上，规范自身言行，不做违背道德伦理的行为，在做决定和婚恋行为前加以考虑，考虑此行为是否有违背道德伦理。

2.正确认识和处理恋爱与学习的关系

如今，一些大学生错误的婚恋观念及婚恋行为的一个重要表现就是无法正确看待、处理恋爱和学业间的关系。有人因为学业错过爱情，造成终身遗憾；有人因为恋爱荒废学业，以致毕业时失业；有人学业和爱情全部落空，鸡飞蛋打；等等。因此，要以科学、理性的态度处理二者之间的关系，才能做到爱情、学业双丰收。

（1）正确认识二者的统一关系

大学生正值二十岁左右，感情日益丰富，有爱与被爱的情感和心理需求。大学期间谈情说爱是正常的，大学生恋爱和学习从理论上看是兼容的，学校不应视其为洪水猛兽。只要不犯极端性错误，顾此失彼，就不会将二者推向矛盾，甚至导致冲突的境地。高校对于大学生婚恋是持不支持、不反对的中立立场。因此，要科学、理智认可二者的兼容关系，这是正确处理二者关系的前提。

（2）充分发挥二者的促进作用

年龄特征和生理特点决定了大学生追求爱情是正常、合理、客观的行为。身处恋爱中的大学生应将爱情作为学业的动力，在恋爱中订立共同学习和奋斗目标，互相鼓励，彼此监督，在恋爱中学习，在学习中恋爱，最终获取爱情和学业双丰收。

（3）妥善处理二者的矛盾问题

恋爱和学习是两件事情，关系处理不当，不仅浪费时间、精力，耽误学业，甚至还会影响二人关系。一旦二者发生矛盾，大学生要在冷静、理智状态下认识、处理二者之间的问题，深思熟虑地进行分析，不宜草率处理相关事宜。

3.增强大学生在婚恋中的自我保护能力

大学生群体由于年轻，社会阅历浅，对于爱情更多的是憧憬，对于恋爱可能带来的种种后果没有充足的预判力和解决力。换言之，他们在婚恋中的自我保护的认知力和执行力十分薄弱。所以，要通过学习相关理论知识和理性面对挫折来提升大学生的认知力和执行力，进而增强大学生在婚恋中的自我保护能力。

大学生要学习婚恋生理知识和相关婚恋法律知识。学习婚恋生理知识有利于大学生正确地审视婚恋中关于性生理和性健康的问题。由于学校和家庭对大学生的婚恋生理知识的教育相对薄弱，因此大学生要了解和掌握相关知识就必须有自我学习的意识。了解相关婚恋生理知识可以从相对权威的课程和教材中进行学习。

例如，目前雨课堂和慕课，二者皆为公开授课平台，其特点是授课教师均为高校教师，其授课内容主要围绕大学生的需求，将大学生的相关需求纳入课程设置中，具有一定的针对性和权威性，对大学生的两性认知和性行为的自我保护具有现实意义。自学婚姻法相关知识有利于大学生规范自身的婚恋行为和提高自我保护意识。婚姻法能够使大学生从其强制要求中规范自身行为，在必要的时候还可以以其强制性的规定来保护自身权益。

大学生要培养理性面对挫折的能力，充分认识感情挫折是大学生婚恋中的常态，对于此类现象大学生要正视现实，理性面对。首先，挫折虽然会给大学生带来痛苦，但这也是其收获成长的契机，以此角度看待挫折，便是因祸得福。其次，学会排泄不良情绪，每当有负面情绪的时候，可以适当宣泄，但是要理性宣泄，例如，以与同学诉苦来寻求慰藉的方式，但是切勿采取极端方式伤人伤己。最后，适时转移注意力，把注意力从引起不良情绪的事情转移到其他事情上，可以做一些自己平时感兴趣的事，比如，和朋友出去逛街、看电影，将关注的重心分散到学习或其他业余爱好中，有助于缓解因挫折而产生的痛苦，进而提升大学生在婚恋中的抗挫折能力和自我保护能力。

第四章　信息化与高校思想政治教育

如今，社会信息化高度发达，时代性是其主要特征之一。教育信息化是促进信息化社会良性运行的助推器，高校思想政治教育也迫切需要实现自身的信息化教育。本章主要内容包括：信息与教育信息化、高校思想政治教育信息化以及高校思想政治教育信息化实施策略。

第一节　信息与教育信息化

一、信息及其哲学本质

（一）信息的概念

信息普遍存在于人类社会之中，它是一种客观存在，从古至今一直都在积极发挥着人类意识到或没意识到的重大作用。虽然人类在不间断地利用着信息，但对信息的概念、内涵，信息的本质及其特征的认识理解时间却不长。20世纪40年代美国数学家、信息量创始人克劳德·香农创立了狭义信息论，他于1948年在《通信的数学理论》一文中指出"信息是用来消除随机不定性的东西"，信息一词成为一个科学的概念。然而学术界对于信息的定义仍是众说纷纭，莫衷一是，各种定义都从不同的角度反映了信息的某些特征，也尚无一种为社会各界一致接受的可以涵盖信息全部内容的科学的定义。美国应用数学家、控制论的奠基人诺伯特·维纳在他的《控制论——动物和机器中的通信与控制问题》一书中认为，信息是"我们在适应外部世界、控制外部世界的过程中，同外部世界进行交换的内容的名称"。英国学者阿希贝认为，信息的本质在于事物本身具有变异度。我国的信息学专家钟义信先生认为"信息是事物存在的方式或运动的状态，以及这种方式或状态直接或间接的表述"。这里采用普遍的大众化认同，即信息是人类社会传播的一切音信、消息，它是通信系统传输和处理的对象，是人类普遍联系的，认识和改造世界的形式。

（二）信息的哲学本质

从哲学的层面来说，信息是事物运动存在或表达的形式，是一切物质的普遍属性，实际上包括了一切物质运动的表征。信息是在一种情况下能够减少或消除不确定性的任何事物，它是人的精神性创造物。哲学意义上的信息包含本体论层次和认识论层次两个层次的信息。首先是本体论层次上的信息，一般意义上我们将信息定义为事物存在的方式和运动状态的表现形式。"事物"在这里泛指存在于人类社会、思维活动和自然界中一切没有任何约束的可能的对象。"存在方式"是指事物的内部结构与外部的联系。"运动状态"则是指事物在时间和空间上变化所展现的特征、态势和规律。其次是认识论层次上的信息，在本体论层次上，信息的存在不以主体的存在为前提，即使根本不存在主体，信息也仍然客观存在。而在认识论层次上则不同，没有主体认识信息，也就没有认识论层次上的信息。所以，这里的信息是主体所感知或表述的事物存在的方式和运动状态，是主体感知的外部输入信息，主体表述向外部输出的信息的综合。

二、信息化

（一）信息化的概念

随着计算机和网络技术的普及，21世纪全球的信息化建设速度空前加快。信息的重要性被所有国家所重视，信息化的发展已经成为不可阻挡的社会趋势。由于相关研究者对信息化问题的认识角度不同，所以关于信息化的概念表达一直都有争议，由此产生了定义理解方面的不同观点。信息化的名词概念表达最早于1963年由日本学者梅棹忠夫在其《信息产业论》一文中提出，梅棹忠夫预言，在农业和重工业发展到一定水平以后，信息产业就会得到迅速发展，未来的社会将是以信息产业为中心的社会。他将以信息为中心的社会定义为"信息化社会"。梅棹忠夫的理论揭示了信息产业的拟人律演进机制，由此引起人们对于"信息社会"和"信息化"的关注和讨论。后来，信息化和信息社会的概念被广泛传播到整个西方社会，在20世纪70年代后期信息社会和信息化的表述彻底被广泛使用开来。以20世纪90年代美国提出"国家信息基础设施"的国家战略为起点，世界上许多国家纷纷出台各自的国家信息基础设施建设规划，这也掀起了信息化全球建设的浪潮。后来联合国教科文组织在《知识社会》中指出："信息化既是一个技术的进程，又是一个社会的进程。它要求在产品或服务的生产过程中实现管理流程、组织机构、生产技能以及生产工具的变革。"

在中国，有关信息化的准确概念表述一直在理论界和行政领域被深入地研讨。1997年，我国召开了首届全国信息化工作会议，在这次会议上对信息化和国家信息化做了一个明确的定义："信息化是指培育、发展以智能化工具为代表的新的生产力并使之造福于社会的历史过程。国家信息化就是在国家统一规划和组织下，在农业、工业、科学技术、国防及社会生活各个方面应用现代信息技术，深入开发广泛利用信息资源，加速实现国家现代化进程。"会议声明，国家信息化体系的构筑和完善要从建设国家信息网络，开发利用信息资源，发展信息技术和产业，推进信息技术的应用，制定信息化政策和培育信息化人才6个方面实现。但是在理论界对信息化的界定并没有因为国家行政性概念的提出而终止，如中国著名的经济学者林毅夫先生指出，"所谓信息化，是指建立在IT产业发展与IT在社会经济各部门扩散的基础之上，运用IT改造传统的经济、社会结构的过程"。中国人民大学著名学者赵苹则认为："信息化是指人们对现代信息技术的应用达到较高的程度，在全社会范围内实现信息资源的高度共享，推动人的智能潜力和社会物质资源潜力充分发挥，使社会经济向高效、优质方向发展的历史进程。"当然，还有信息化就是通信和网络计算机技术的现代化，信息化就是一种向信息社会演进的过程等诸多大同小异的观点。无论怎样界定信息化、信息社会的概念，有一些基本的内容是必须为所有人所共同认同的，那就是信息化是发展以智能计算机网络为主的信息化生产力并造福于社会的工具。这种智能化、信息化生产力是具有庞大规模的、有组织的信息网络体系。它正在改变着我们的生产生活方式、工作学习方式以及思维方式。使用信息化技术极大地提高了和推动了人类社会的科技效率与技术进步。另外，信息化不但具有生产力发展的内涵，也带来了生产关系组织机构和管理过程的变革。信息化给我们带来了以现代信息技术为支撑、以信息经济发展为社会进步的动力，以及以社会信息化的发展为标志的新型信息化社会。

（二）信息化的特点

1. 信息外溢性

信息的外溢效应主要表现为3个方面：首先是信息本身具有外溢效应，它可以对外部产生影响；其次是新信息创造的新市场的外溢效应，新市场能产生连锁反应；最后是新信息创造的新利益的外溢效应。信息外溢的具体形式主要有知识产权贸易、技术许可、专利技术公开、公开出版物与各种专业会议、专业的研究开发等。

信息外溢效应可以使用4种方式来实现：信息在产业内的外溢效应、信息在产业外的外溢效应、信息在一个国家内的外溢效应、信息在不同国家之间的外溢效应。信息的扩散、转移，必然伴随着知识价值的溢出。信息扩散、转移的本质是知识价值的外溢。

2. 技术创新性

20世纪以来信息技术领域实现了几次重大突破，包括半导体、集成电路、计算机、光纤通信、互联网等。技术的不断创新引发了产业的不断突破，信息技术已经成为当代世界科技发展的主体，信息化是产业结构高级化的主要动力之一。

信息化的发展能够带来结构的升级，也就是当技术变革引起产业结构转换时，通过引入信息技术来促进产业结构的变革，为经济增长提供动力。同时，信息技术还是产业升级的重要推动力。在产业结构优化、经济增长方式转变的同时，信息技术可为国民经济带来巨大的经济效益。

3. 产业效益性

应用信息技术能够大大提高资源的利用率、劳动生产率以及管理效率，从而极大地降低社会总成本，取得巨大的经济效益。随着信息时代的到来以及信息技术的不断发展，不仅带动了一批新的交叉科技和新兴产业，而且还创造了新的经济和社会需求。信息产业是一个产业链很长、产业感应度与带动度都很高的产业。在信息技术产业内部，能够衍生出微电子、半导体、激光、超导等产业的发展；与此同时，在信息技术业外部，带动了一批如新材料、新能源、机器制造、仪器仪表、生物、航空航天等产业的发展。信息技术可使传统产业深度改造，这是由信息技术及其产业的特点决定的，信息技术的发展与传统产业具有相容性。只有当互联网与传统经济资源相结合后，才能产生信息化的巨大推动力量，通过利用互联网的力量来整合传统产业和行业资源，从而带动产业调整，大大促进整个行业的发展。因此，以信息技术为支撑的经济信息化，极大地推动了信息产业的调整与发展。

由此可见，信息化对社会的发展产生了极大的影响，在信息化趋势下，高校思想政治教育也将面临更大的机遇与挑战。

三、教育信息化

教育信息化的提出是伴随着信息化高速发展建设而提出的。在中国，随着一系列全国性的教育振兴行动、会议和计划，教育信息化的建设蓬勃发展。教育信息化成为当前教育中,特别是素质教育、创新教育中的主流发展趋势。准确理解和把握教育信息化的内涵,对更好地进行教育信息化的建设有着非常重要的现实意义。

目前,国内相关学者对教育信息化的理解主要有以下几种:国家信息化专家咨询委员会主任委员周宏仁认为,"所谓教育信息化是指在教育中普遍运用现代信息技术,开发教育资源、优化教育过程,以培养和提高学生的信息素养,促进教育现代化的过程"。学者陈华则认为,"教育信息化是指将信息通信技术充分整合到教育系统之中,在一定程度上实现教育教学、组织管理、校园生活服务等活动的数字化、网络化、虚拟化,从而提高教育质量和效率,最终形成适应信息社会要求的新教育模式"。当然也有学者这样认为:"教育信息化是将信息作为教育系统的一种基本构成要素,并在教育的各个领域广泛地利用信息技术,促进教育现代化的过程。在教育信息化的过程中应高度重视对教育系统以信息的观点进行信息分析,并在此基础上进行信息技术在教育中的有效应用。"

通过对比各位学者阐述的观点可以看出,这些定义主要从教育信息化概念的主要内容进行阐述,也不同程度地强调了教育信息化是一个动态发展的不断变化的过程,界定了教育信息化所包含和涉及的领域范围,突出了现代信息技术在现代教育中的有效应用,体现了教育信息资源在现代教育中的核心地位等。由此我们可以产生这样一种共识,就是教育信息化是一种全新的教育形态,它以信息技术为手段,以教育为中心目标。所有的信息技术资源和手段全是围绕教育的理念、思维和习惯为中心来展开并提供方案措施的,这样就能够把现代信息技术和信息资源全方位深入地运用到教育的各领域中,从而促进教育改革和教育发展的进程。教育信息化的目标、目的,包括促进信息技术在教育领域的广泛应用,推动教育领域的信息化改革和发展,培养适应信息社会要求的技术创新人才以及促进教育信息现代化四个方面。还需明确的是教育信息化范围是整个教育领域的信息化,它的建设及应用开发应涉及教育资源环境、教育内容和教育管理等教育领域中的各个方面。当然,教育的信息化必须在国家信息化建设的总体方针下,在同其他行业的信息化处理好关系后进行。教育信息化的基本特征是开放、共享、交互、协作的数字化、网络化、智能化和多媒体化。教育信息化对传统思想政治教育的教育思想、观念、内容、模式等均产生了巨大的冲击,促进了教育思想和观念的转变,提高了教育质量,培养了21世纪需要的创新型人才,因而以教育信息化改变传统教育模式来促进教育教学的改革具有深远的指导意义,是实现教育飞速发展的必然选择。

应该说，教育信息化为推动教育领域的改革与发展提供了前所未有的有利时机和条件，因为"信息社会所需要的新型人才应当是具有全面而坚实的文化基础，具有很强的信息获取、分析和加工的能力，能不断自我更新知识结构，能与人合作共事，富有创造性和应变能力并具有高尚道德品质的一代新人"。但是，教育信息化从根本上来说是一项宏大的系统工程，需要党和国家有关主管部门制定一系列政策和发展规划。

第二节 高校思想政治教育信息化

一、高校思想政治教育信息化的内涵

思想政治教育的信息化，就是运用信息技术加强和改进思想政治教育，提高思想政治教育的时效性，扩大其影响力，最大限度地实现思想政治教育目的的动态过程，思想政治教育信息化的实质是思想政治教育的自我完善和自我发展。从思想政治教育的发展历程来看，思想政治教育信息化是一种现代思想政治教育而非传统思想政治教育；从思想政治教育的时代特征来看，思想政治教育信息化是信息社会中的思想政治教育，体现信息化特点；从思想政治教育的发展形态来看，思想政治教育信息化是现代新形态思想政治教育而不仅仅是思想政治教育的一种方式；从思想政治教育的具体表现来看，思想政治教育信息化的集中表现是网络思想政治教育、虚拟思想政治教育；从思想政治教育的实践来看，思想政治教育信息化是思想政治教育主体（包括教育者与受教育者）在信息和知识传播、学习、运用、创造过程中的活动。

二、高校思想政治教育信息化的特点

（一）虚拟性

大学生思想政治教育信息化的发展表现之一，就是把学校里成百上千的计算机数据进行交换，把网上的教学信息资源变成共享资源，并且对每个终端都是开放的。把高校思想政治教育与现代信息技术融合，相对于传统的高校思想政治教育会表现出很多新的特点。如教学设施与环境的虚拟性，使在校学生能感受得到教学环境可以不受物理时空的限制，也不受年龄、地域、文化背景的限制，可以达到平等享有。学校利用信息技术建造的校园、教室、学习社区、实验室、阅览室等都是虚拟的设施，这些虚拟设施的使用可使学生产生一种四海之内皆邻居的

感觉。因此，与传统的思想政治教育相比较，思想政治教育的信息化使得思想政治教育的活动空间、主体、环境变得虚拟化。这种虚拟化只存在信息结构中，是通过网络这种电子空间以数字化形式存在的，这也是当前思想政治教育呈现出的全新特点。

（二）灵活性

现代信息技术的开发与运用，不仅创造了思想政治教育新的教学环境，而且还开创了新的教学模式，并相应地影响和作用到高校思想政治教育的教学策略。现代大学校园从以课堂上教师口头单纯讲授为中心的集体授课形式，已变为网络环境下的个别化、自主化、探究式教学，使得教学的组织形式发生了巨大的变化。信息平台上所有的活动都具有一定的相互性，教学组织由线性组织变为非线性的网状组织。

在高校思想政治教育信息化过程中，以前作为知识和教育信息的唯一传授者的教师，变成了学生学习过程中的帮助者和协作者。大学生可以利用现代的信息技术在校园论坛上发表自己的观点、思想、建议等，然后跟教师和思想政治教育工作者进行在线交流和解答，一起探讨、交流，从而达到澄清事实、提升思想的目的。这样，在教育的主体地位上，由传统的教师单一主导变为师生的双向互动，有利于增强师生之间多向交互性与教学策略的灵活性，提高学生的主体性和主动性。

（三）时效性

随着改革开放的逐步深入和我国经济、科学技术的不断发展，现代大学生的思想异常活跃，容易产生前所未有的新情况、新问题，传统的思想政治教育方法已无法有效解决。其中一个重要问题是因为思想政治教育信息收集渠道不畅，对导致人们产生思想问题的各种信息的了解不足，所以，现在的思想政治教育迫切需要寻求信息传播的渠道，信息化的发展可以很好地弥补这方面的缺陷。信息传播巨大的时效性是传统媒介无法比拟的，网络上的信息发布非常快速，是以小时为周期或者即时发布的，这使得信息从信源传递至信宿的时间大幅地缩短。思想政治工作者可以利用快捷的交流手段，及时了解学生的思想动态，对信息进行准确的分析和宣传，有针对性地创新方法，开展适合学生思想动态的活动，防止思想政治教育的活动和内容流于形式。要提高高校教学部门和管理部门之间沟通的频率、深度和广度，便于思想政治教育信息的分析、整理、查询，使得统计和决策处置更加的精确和高效。

(四)广泛性

传统的思想政治教育主体只是局限于思想政治教育的工作者,但随着信息技术的出现,高校思想政治教育的工作者在专业上以及全职人员在条件上的限制和以往相比变得弱化,这样使得高校从事思想政治教育的工作者变得更为广泛。例如,对高校思想政治教育起着重要支持和配合作用的高校信息技术人员和教育技术应用与开发的工作人员,也可以说是思想政治教育的主体,虽然他们不直接参与高校思想政治教育工作,但他们通过间接技术支持与负责人的工作,使其从幕后走到台前,成为大学生思想政治教育的真正主体之一。所以信息技术的出现,拓宽了大学生思想政治教育主体的范围。

另外,信息技术下产生的网络使得信息传播更加快捷,扩展面更加广泛,网络信息技术打破了通过报刊、广播、电视的报道和评论才能得知国内外一些重大事件、突发事件的传统媒体时代。在网络环境下,舆情表达与传播有了更高时效性。思想政治教育工作者可以第一时间获知大学生的兴趣关注点和思想动态,邀请具有新技术和广博知识的各大著名网站和论坛的相关领域的领导和专家,以及校外专家、学者、榜样人物与大学生进行交流,以引导大学生们正确地认识社会现象。这些专家和学者增强了教育效果和魅力的同时,对良好的思想政治教育发挥了重要作用,自然也会扩大高校思想政治教育主体的范围。

三、高校思想政治教育信息化形成的条件

(一)物质条件

随着现代信息技术的发展及广泛运用,传统思想政治教育受到严峻挑战的同时,也为传统思想政治教育的发展与创新提供了可能,这就是思想政治教育信息化形成的物质条件。

信息技术使社会生产力向着"智能化"的方向发展,这大大提高了社会生产力的水平,促进了传统思想政治教育观念的更新,但同时也带来了巨大挑战,其中最大的挑战就是传统思想政治教育观念的更新滞后于信息技术带来的社会生产力的进步以及由此产生的社会进步。从人们的道德观念来看,由于信息技术带来了生产力的进步,以信息技术为支撑的智能化生产力体系得到广泛应用,人们的物质生活水平普遍提高,人们的道德水平也普遍提高,社会呈现出积极向上的精神风貌。各种义务劳动、志愿行动、捐助活动、救援活动等已经不再作为一种突出的"模范"行为受到社会的关注,实际上已经成为人们的一种普遍的道德行为。

信息技术不仅直接促进社会生产力的进步,而且直接或间接地对社会文化产

生巨大影响。信息技术为文化的"多元化"创造了物质基础和技术条件。由于各种信息技术特别是网络技术的广泛应用,各种不同的文化接踵而来,通过现代信息技术为人们所接触,首先是为广大高校学生所接触。多样化的社会经济成分、社会组织形式和社会生活方式,以及由此带来的"多元化"的思想观念、价值判断和道德评价都会对大学生产生影响,对大学生形成正确的世界观、人生观、价值观带来多方面影响。

信息技术使传统道德在思想政治教育模式上发生了改变。传统思想政治教育一般采取单向的、灌输式的思想政治教育模式,而现代信息技术使思想政治教育工作者与思想政治教育对象之间、各个思想政治教育对象之间的沟通实现了"交互式""自主性",这对传统思想政治教育模式是一种前所未有的挑战。互联网是信息技术在信息传播方面最有效的工具,最能体现"交互式""自主性"的沟通模式,所有的上网者都可以同步共享信息,自由选择交流方式,自主决定行为模式。沟通方式的变化使得多元文化之间的交流更加容易。在这样一个交互式网络平台上,传统思想政治教育的课堂上教师传授、课后辅导员谈心、向组织写思想汇报、评先进、赶先进等单向的、灌输式的思想政治教育模式已经不能适应信息技术发展的要求了,因而需要根据信息技术发展的特点进行相应的改变。

(二)社会条件

随着信息时代的到来,在社会价值观多元化和利益多元化的影响下,高校思想政治教育面临诸多挑战。由于信息技术的发展和应用,通过现代信息技术尤其是网络技术,人们信息传播的手段和途径具有了隐秘性。大量不道德的信息充斥着网络信息世界的每一个角落。大学生面临大量文化思潮和价值观念的冲击,各种思想的渗透更加隐蔽和多样化,某些腐朽的生活方式对大学生的影响不可低估,拜金主义、享乐主义和个人主义等时刻影响着大学生。

信息技术的飞速发展带来了网络社会的"虚拟性"。网络社会的"虚拟性"对传统思想政治教育也会带来极大的挑战,"虚拟性"与"现实性"之间的矛盾引发了各种社会信息道德问题,使一些人(尤其是大学生)对信息道德也"虚拟化"。例如,有些上网者认为在网上可以有不道德的行为,许多学生在网上聊天或发表自己看法时使用不文明的语言,在聊天室或论坛中使用脏话或带有人身攻击的语言,偷看别人的电子邮件,私自用别人的账号上网,抄袭文章等,理由是他们认为这种行为不可能造成现实后果。不少生活在网络中的大学生存在双重人格的倾向,他们对自己在现实社会与网络社会的道德要求不一样,实行的是"双重"道德标准。事实上,这种网上的不道德行为与现实中的不道德行为在性质上没有什么区别，因为，上网本身就是人的实践活动之一，就是现实的存在。

信息对人们的吸引力越来越大。多媒体技术在互联网上得到最广泛、最有效的应用，使互联网上的各种信息都有更大的吸引力，尤其是网络游戏，为大学生们提供了丰富的游戏资源，以赚钱为目的的网吧为大学生们过把游戏瘾提供了"良好"的场所，这正是学生们容易上网成瘾的重要原因。社会思想政治教育信息化遇到的最大挑战莫过于这种挑战，因此，如何培养学生们的兴趣是思想政治教育信息化成功的关键。

四、高校思想政治教育信息化的必要性

（一）时代和社会发展的需要

有人说未来的战争将是信息化的战争，可见信息技术在20世纪90年代以来对全球社会、经济、政治等领域产生了怎样深远的影响。从农业社会、工业社会一直发展进步，迎来现今以知识经济为主导的信息化社会。信息社会背景下的生产力又发生了一次巨大的飞跃，智能化、网络化、自动化提升了我们的工作效率。在信息社会里充斥着各种信息，人们周围的各种事物都以信息符号的形式存在并流通。所以在现代社会中如果掌握了信息、掌握了信息技术，就有可能掌握一切。在这种时代和社会背景下，高校的思想政治教育研究应充分结合信息技术，把握信息技术的主动权，抢占信息技术的制高点。

高校思想政治教育的内容、形式等必须随着社会的变化而变化，才能适应社会发展的需要，从而推动思想政治教育向着现代化、科学化的方向发展。当前我国正是现代社会的转型与发展的重要时期，重视和有效地利用信息技术与信息资源为现代社会发展所用，不仅是时代发展的要求，更是社会各领域科学发展经验的总结。作为信息化的载体和知识经济的助推器，在现代社会的转型与发展上具有战略意义。

（二）大学生全面发展的需要

马克思提出了人的全面发展学说，人的全面发展包括人的实践活动和创造生活的全面发展、人的需要的全面发展、人的社会关系的全面发展、人的能力的全面发展、人的各种潜能将得到充分发挥这五个方面的内容，就是要培养德才兼备的人："德"具有高度的政治思想觉悟和献身精神、科学精神；"才"就是具有创造性思维能力、组织能力、动手操作能力。任何个体在生理、心理、思维、语言、智能层面得到优化，克服智力和道德上的片面发展，从而在思想觉悟、道德

风貌、智能与体能上都能达到社会健康和谐发展要求的较高阶段。培养高级专门人才是高等教育的任务之一，同时也是人类社会发展到一定历史阶段的产物，这符合人的全面发展学说。高校思想政治教育的根本价值诉求是促进大学生的全面发展，这一价值诉求实现的基本前提是高校思想政治教育必须适应社会发展的要求，必须顺应大学生发展的要求并得到他们的认同。马克思主义是中国共产党的指导思想，在马克思主义的指导下，我们的教育方针的主要内容是受教育者必须全面发展。为此，《中华人民共和国教育法》第五条规定："教育必须为社会主义现代化建设服务、为人民服务，必须与生产劳动和社会实践相结合，培养德智体美劳全面发展的社会主义建设者和接班人。"高校思想政治教育同时更要具有一定的前瞻性，大学生作为目前我国社会中思想最为活跃的群体，他们需要接受新鲜的事物，开阔视野、丰富知识，满足成长中的多样化的需求。现如今的网络成为大学生获得新信息、了解外界的主渠道。

（三）高校思想政治教育自我发展的需要

高校思想政治教育要体现与时俱进的时代精神，也要有一定的前瞻性。与时俱进也是思想政治教育永葆青春的法宝。新时期思想政治教育提出了新的要求，与时俱进不仅要体现在思想政治教育的内容方面，思想政治教育的理念、思想政治教育的方式都要跟上时代的步伐，正确反映时代的主题和本质。思想政治教育需要通过一定的载体进行，载体是联系教育主体和客体的中介，新的载体是随着科学技术的进步、生产力的发展而出现的。

互联网就是一种新的教育载体，网络信息涉及政治、经济、文化、地理、历史等不同领域和不同文化。高校思想政治教育工作的发展是多种系统作用的结果，高校思想政治教育工作要想得到迅速发展，除了改变教育设施、教育工具等，也需要紧跟时代的步伐，在教学理念、方法、手段等方面进行全面的改革和发展。

第三节　高校思想政治教育信息化实施策略

一、更新高校思想政治教育信息化观念

（一）树立三种观念

第一，高校思想政治教育要直面信息化社会带来的信息技术的迅猛发展，要求所有教育工作者增强信息意识，在教育过程中善于搜集、分析处理、归类整理

各类信息,要树立信息技术为高校思想政治教育服务的意识观念,增强思想政治教育对大学生的感染力、吸引力,增强思想政治教育的主动性地位。同时,还要推进现代信息技术在思想政治教育内的广泛应用,实现信息在思想政治教育领域内的传递流动和综合使用。

第二,高校思想政治教育信息化建设是一项复杂的系统工程。从系统论的观点看,一个系统工程要对所在环境发生作用,系统内的所有要素都要发挥其功能。换言之,高校思想政治教育信息化建设不能单靠学校的个体力量来实现,这是一个涉及面很广的全社会性的问题。从思想政治教育系统来看,思想政治教育信息化的观念、方式方法、人才队伍等体制建设是实现思想政治教育信息化顺利进行的重要保障。因此,要树立全局观念,在高校内部要促进各个部分有机地结合,更重要的是充分利用行政力量推动全社会的力量进行思想政治教育信息化建设。

第三,思想政治教育信息化本身是一个动态的发展过程,同时相对来说也是一个新生事物,需要在实践中不断总结经验,其内涵将随着信息社会的发展不断丰富,因此思想政治教育信息化的建设将是一个相当长的过程。目前,我国高校思想政治教育信息化建设在教育信息资源开发、信息基础设施建设和信息教育人才培养等方面还存在诸多的不足,所以,要树立长期观念,逐步实现思想政治教育信息化。

(二)强化四种意识

1. 强化自主意识

随着社会主义市场经济体制的建立和改革开放的全面展开,加之信息化社会的到来,特别是现代信息技术中的网络的普及,催生了独立的网络文化。这一系列的变化必然要求当代大学生要具有较强的自立自主意识。因此,在尊重集体感、尊重集体主义精神的同时,解放思想,因势利导,针对特性,发展个性,发挥学生个人的主观能动性,使每个大学生形成各自独特的人格魅力。

2. 强化竞争意识

现代信息社会是一个充满竞争的市场经济社会,竞争推动科学技术迅猛发展和社会主义市场经济体制的建立。高校大学生要想在激烈的市场竞争中求得生存和发展,就必须适应这种时代发展的要求。因此,要树立现代化高校思想政治教育观念就需要大学生具有较高的竞争意识,培养他们杰出的竞争能力,并为他们营造一个公平、公正、合理的竞争环境。

3. 强化市场意识

自主意识也好，竞争意识也罢，都是在不断深入的社会主义市场经济体制内进行的。随着市场经济体制改革的不断深入，客观要求高校的思想政治教育领域也要进行相应改革，也就是教育市场体制改革。这种体制就是要用市场的精神培育学生新时代的义利观，就是帮助大学生客观科学地看待和处理与社会主义市场有关的社会问题。

4. 强化开放意识

随着信息社会的来临和社会主义市场经济体制的建立，全球化趋势更加明显。面对这种越来越开放的状态，培养面向现代化、面向世界、面向未来的具有较高开放意识的人才是必然之举。高校思想政治教育也要以培养大学生的开放意识为任务，人才培养应向社会、向世界开放。

二、加强高校思想政治教育主体的信息素养

（一）思想政治教育工作者的信息素养

传统思想政治教育中思想政治教育工作者的信息优势随着现代信息技术的发展逐渐失去了权威性。随着思想政治教育信息化的变革，每个人包括作为受教育群体的学生，信息的获得都处于平等地位，甚至获得知识、形成品德的过程也由具有共享性、平等性的信息互联网承担。这些主体中最需要做工作的是高校思想政治教育工作者，他们必须在树立与信息化时代相适应的思想政治教育观念的同时，克服利用网络等先进信息技术进行教学时意识比较淡漠的困难。在面对高校思想政治教育信息化改革时，应提高思想觉悟和对信息化的认识，增强科技意识和信息意识，积极地走在改革前列。同时，在思想政治教育的载体、方式上具备及时捕捉收集信息、判断分析信息、归类管理信息的能力和运用现代信息技术的能力。运用信息的能力包含着信息获取能力、信息处理能力和信息传递能力，这些统称为信息的驾驭能力。

在思想政治教育信息化过程中，思想政治教育工作者要善于利用自己所获取的各种信息资源，增加思想政治教育信息的容量，以充实的教育内容表达思想政治教育的内涵。思想政治教育工作者要通过现代信息技术的中介和桥梁，把现代思想政治教育思想快速而有效地教授给大学生，并使学生能够自如地运用于教育实践，以增加教育的说服力、感染力和吸引力，从而有效地提高大学生思想政治教育的实效性。

（二）提升教育参与者的网络素养

信息化社会和现代信息技术在为思想政治教育提供机遇的同时也提出了无限的挑战，这种机遇和挑战很大程度上影响了思想政治教育活动的进行。要想甄别信息化为思想政治教育提供了哪些优势并带来了哪些弊端，就需要思想政治教育的参与者具备较强的网络素养。

面对当今越来越复杂的信息环境，面对信息化所带来的科技性变革，思想政治教育参与者的网络素养一定要有所提升，如果不能使思想政治教育参与者的能力符合信息化的人才标准，那就不可能使思想政治教育参与者的网络素质得到提高，更不可能获得信息选择和信息处理的优势。为了避免信息化对思想政治教育的负面影响，从根源上保证思想政治教育的效果，提升思想政治教育参与者的网络素质，保证思想政治教育参与者不断地吸取有利知识显得尤为重要。

三、建构高校思想政治教育信息化教师队伍

高校思想政治教育是一项系统工程，对学生的思想政治教育应整合高校的全部师资力量，一方面，要使专职思想政治教育者掌握更多的现代教育手段，加强学习信息知识；另一方面，要积极调动广大教育和科研人员发挥自身优势，参与育人的全过程。

第一，要加强高校思想政治教育专职队伍信息化的建设。高校思想政治教育是随着社会的发展、时代的进步而不断前行的，在信息时代，网络技术的发展给思想政治教育工作队伍提出了新的更高要求，它要求教育者既要遵循传统的教育模式、教育方法，具备扎实的政治、道德、理论素质，又要适应信息条件这种客观要求而有效地进行开展工作。

因此，高校应着手建设一支既懂计算机网络技术，又善于利用网络开展思想政治教育的队伍，占领网络空间的主动权，及时掌握学生的思想动态，有针对性地疏导和化解学生的迷茫和困惑。教育者应具备较高的信息素养，应树立与信息时代发展要求相适应的全球化意识、科技意识、竞争意识、发展意识、服务意识等信息意识；要有善于在纷繁复杂的网络资源中敏锐地捕捉和科学地分析、处理、归类取舍各类信息，有效地传递正确的信息给学生，提高自身的信息驾驭处理能力；要有良好的信息道德和较强的维护信息安全能力，做好网络信息的监管员。

第二，要动员学校教育和科研人员积极投身信息条件下的"三育人"工作。学校的教育和科研人员不仅要在三尺讲台上教书育人，在实验室为学生指引创

新，更要懂得自己身上还肩负着对大学生进行思想政治教育指引的重要任务。教育和科研人员有其自身的优势，他们掌握科学前沿信息，学识渊博，信息技术应用得心应手，为思想政治教育素养的提高提供了良好的外部环境和思想氛围。但他们通常政治理论知识更新较慢，基础不够牢靠，因此要督促教育和科研人员重新研学党的经典著作和思想政治教育的相关理论，要使他们关心时事政策，熟悉大政方针并科学理解其深刻内涵，从而使其思想更为严谨和成熟，思想意识更加坚定。同时，也可以安排专职的辅导人员，随时为教育和科研人员讲解他们不理解的理论，促进学习进步。

第三，要促进教育和科研人员与思想政治教育工作者的合作与交流，共同做好学生工作。在高校思想政治教育信息化的过程中，要号召教育和科研人员与思想政治教育工作者共同研判、分析信息化条件下大学生的特点以及存在的新问题，以方便快捷的信息技术为保障，开发出更为声情并茂的教学软件来吸引大学生的学习注意力。教育和科研人员要加强自身的思想政治教育素养，思想政治教育工作者需要提升自身的信息技术素养，他们之间应相互学习，取长补短，共同进步。

当前大学生的价值取向多样而各异，教育和科研人员以及思想政治教育工作者就要加大相关信息技术的研究开发，通过信息技术生动地反映社会主义核心价值观，坚定大学生正确的价值取向和人生定位，通过信息技术和相关软件研发，正确分析各种不良社会现象产生的原因，客观对比中西方不同意识形态的区别，使学生真正明白社会主义核心价值观的真谛。

四、完善高校思想政治教育信息化的系统

（一）完善高校思想政治教育信息化的投入机制

为确保信息技术在高校思想政治教育中的应用和普及，高校应加大思想政治教育信息化基础建设以及硬件设施的投入。加强高校的信息基础设施的建设，使其与现在社会的信息基础设施建设结合并共同作用于高校思想政治教育各个领域，从而成为大学生思想政治教育信息化这一体系的硬件基础。

另外，应加大投入力度来改善思想政治教育信息化教学的环境条件以及教育设备条件，集校内外各方的力量，尽快建成设备配套、功能齐全、性能可靠的高校思想政治教育信息化系统。注意避免重复建设，对于资金投入使用多长时间、怎样合理分配使用、资金在后预期阶段能达到怎样的效果等方面建立一个科学合理的投入机制，避免盲目追求先进的、高层次的、尖端的技术，做到整合利用学校现有的技术、设备人员，避免浪费。

（二）完善高校思想政治教育信息化的评价机制

评价体系是思想政治教育工作的重要组成部分，高校思想政治教育信息化的建设是一个长期而复杂的系统工程，所以，必须建立有效的评价机制来进行信息的反馈，从而对信息系统进行有效的控制。还可以通过评价机制对信息化思想政治教育及时发现问题和解决问题，进行不断升华的再认识，进行"反思"，从而持续改进工作。通过客观、合理、科学评价信息化在高校思想政治教育工作中的应用及带来的客观效果，通过评价体系来制定奖惩制度和调整部署明确分工制度，这样便于把思想政治教育信息化的工作任务切实落实到每个教职员工的头上。另外，也可通过问卷调查的方式来分析并做出公正合理的评价，针对大学生思想政治教育信息化的要求提高大学生的创造性和主动性。

可见，完善高校思想政治教育信息化的评价机制，能有效并针对性地保证思想政治工作的落实，从而促进高校思想政治教育信息化的实施与建设。

（三）完善高校思想政治教育信息化的实施机制

高校思想政治教育信息化的实施，需要建立明确的日常监督、监控、管理机制。保证思想政治教育工作者在采集审核、发布思想政治教育信息内容的过程中以及各个环节的畅通。完善责任分配制度，把每一版块责任落到每个教育工作者身上，实行版主负责制，从而保证信息网络内容正确健康发展以及实施效率的提高。自上而下建立功能齐全、多级防范的信息网络管理体系，为大学生获取信息的安全性、便捷性、教育性等提供了坚实的基础。

高校思想政治教育信息化的实施，除了需要有明确的监督管理和运行机制之外，还需要着力建设和丰富高校思想政治教育信息化的资源共享平台。高校需积极同国内兄弟院校以及科研机构等建立互动平台，努力开发并合理利用高校思想政治教育的资源，加强教育信息资源交流与共享，同时节约成本，提高资源利用率，从而扩大教育资源的效益。

第五章　理论创新与高校思想政治教育

新形势下,创新高校思想政治理论是一项长期工程。当前世界竞争异常激烈,说到底是人才的竞争,而坚定的政治立场是成才的重要保障,这更突显了高校思想政治理论作为输送人才主阵地的重要性。本章主要内容包括:高校思想政治理论课的内容构成和高校思想政治教育理论的创新。

第一节　高校思想政治理论课的内容构成

一、马克思主义教育

高校思想政治理论课的马克思主义教育包括马克思主义立场教育、马克思主义的观点和方法教育。

(一)马克思主义立场教育

在当前的社会主义市场经济条件下,马克思主义立场教育主要是用马克思主义占领高校思想政治理论课教学的阵地,坚定社会主义信念。

马克思主义是无产阶级和人民群众的思想武器,充分体现了无产阶级和人民群众的利益。这种鲜明的党性和阶级性使得我们在思想政治理论课教学中丝毫不能丢弃这个武器,在纷杂多变的社会生活中要始终坚持用马克思主义占领思想阵地,把巩固发展社会主义意识形态的任务落到实处。要坚持不懈地对干部群众进行马克思主义基本理论教育,旗帜鲜明地同各种错误思潮做斗争。

在社会主义初级阶段,马克思主义与反马克思主义、唯物主义与唯心主义、无神论与有神论、科学与伪科学的斗争是长期且复杂的过程,有时斗争会很激烈。在思想理论领域,对事关政治原则、政治方向的问题,必须旗帜鲜明、立场坚定、分清是非。我们要密切关注社会政治方向,分析各种错误思潮的形成、传播、蔓延,不断提高政治敏锐性和鉴别力,坚决同各种错误思潮和封建迷信、伪科学等社会丑恶现象做斗争。要见微知著、防微杜渐，把问题消灭在萌芽状态，绝不让其自由泛滥。

在当前和今后相当长的一段时期，我们要把坚定社会主义信念作为一个紧迫、重大的问题加以解决，应当充分认识到社会主义已经取得的历史成就，全面认识中华民族的伟大复兴与社会主义的胜利前进之间的关系，看到社会主义必然胜利的光辉前景。因此，我们有理由坚信社会主义的前途是无比光明的，坚定社会主义信念是非常必要的。

（二）马克思主义的观点和方法教育

辩证唯物主义和历史唯物主义的世界观是马克思主义观点的集中体现，而用这种观点看待事物、分析和解决问题，就是方法论。在此，观点与方法是高度统一的。进行马克思主义观点和方法的教育，当前最重要的是树立辩证思维的观念，教育人们辩证地看待传统观念、新出现的观念以及外来观念，教育人们辩证地否定旧观念、肯定新观念，克服主观性、片面性、随意性。在思想政治理论课教学中，帮助大学生端正各种思想认识，实现思想政治理论课教学的观念创新。

在思想政治理论课教学中，无论是对旧观念的否定还是对新观念的肯定，都切忌绝对化。应当看到新观念与旧观念虽有质的区别，但仍然有着千丝万缕的联系。旧观念中包含着有利于新观念形成的元素，新观念也有可能转化成旧观念。因此，应当运用辩证的思维方法，科学地去粗取精、去伪存真，才能实现观念的创新。

二、基本国情和形势与政策教育

（一）当前基本国情和形势

我们要持有一种辩证的态度来看待当前的基本国情和形势。既不能妄自尊大、盲目乐观，又不能悲观失望、缺乏信心。改革开放以来，由于我国经济实力的迅速增强，在国内和国际上面临的形势总体上是好的。我国人均国民生产总值年递增率连续快速增长，GDP 整体上已经达到小康水平；我国从人口大国正在向人力资源大国转变；经济体制转轨与社会结构的转型同时进行，使中国实现了跨越式的发展；经济全球化的影响已渗透到我国的生产、流通、金融、能源以及各种服务业，逐渐成为影响中国经济社会生活的一种特殊力量；通过对外开放，中国逐渐走向世界，参与超越意识形态的国际合作。

同时，当前中国经济社会的发展也存在一些难题：发展中不平衡、不协调、不可持续问题依然突出，科技创新能力不强，产业结构不合理，农业基础依然薄弱，资源环境约束加剧，制约科学发展的体制机制障碍较多，深化改革开放和转变经济发展方式任务艰巨；城乡区域发展差距和居民收入分配差距依然较大；社会矛盾明显增多，教育、就业、社会保障、医疗、住房、生态环境、食品药品安全、社会治安、执法司法等关系群众切身利益的问题较多，部分群众生活比较困难；一些领域道德失范、诚信缺失；一些干部领导科学发展能力不强，一些基层党组织软弱涣散，少数党员干部理想信念动摇、宗旨意识淡薄，形式主义、官僚主义问题突出，奢侈浪费现象严重；一些领域消极腐败现象易发多发，反腐败斗争形势依然严峻。对这些困难和问题，必须高度重视并认真加以解决。

（二）当前相关政策教育

1. 坚持以经济建设为中心

通过发展来解决人们遇到的各种困难和矛盾。如今，各种困难和矛盾归根结底都是由于发展不足和发展不平衡所致。在经济全球化时代，对于有着14亿多人口的中国来说，人民群众物质与文化生活的需求非常大，所以，只有发展才是硬道理，只有发展才能从根本上解决各种困难和矛盾。

2. 坚持以人为本

树立全面、协调、可持续的科学发展观，做到"五个统筹"。在改革发展中，坚持在经济增长的同时提高人民群众的生活水平，坚持让绝大部分人能够分享改革发展的实惠，这是顺利进行改革发展的最重要基础。

3. 在发展中注意化解新的利益和价值冲突

我国在发展中所出现的新的社会矛盾总体上还都属于利益格局的调整问题，属于人民内部的矛盾。如今，市场化的过程带来了价值观的碰撞和冲突，因不同的地域、社会阶层、年龄段等而导致人们对一些社会的重要价值认同出现了较大差异，这成为未来社会矛盾的深层影响因素。因此，利益的协调和价值的整合是化解社会矛盾必须同时注意的两个方面。

4. 坚持和改善党的领导

新形势下，党面临的执政考验、改革开放考验、市场经济考验、外部环境考验是长期的、复杂的、严峻的。精神懈怠危险、能力不足危险、脱离群众危险、消极腐败危险更加尖锐地摆在全党面前。不断提高党的领导水平和执政水平、提高拒腐防变和抵御风险的能力，是党巩固执政地位、实现执政使命必须解决的重大课题。全党要增强紧迫感和责任感，牢牢把握加强党的执政能力建设、先进性和纯洁性建设这条主线，坚持解放思想、改革创新，坚持党要管党、从严治党，全面加强党的思想建设、组织建设、作风建设、反腐倡廉建设、制度建设，增强自我净化、自我完善、自我革新、自我提高能力，建设学习型、服务型、创新型的马克思主义执政党，确保中国共产党始终是中国特色社会主义事业的坚强领导核心。

三、道德和法制教育

道德观是一定社会条件下人们关于道德问题的基本认识和观点。道德作为一种社会意识形态是一定历史条件的产物，是一定社会存在的反映。作为人们共同生活准则和规范综合的道德一旦形成，便会对社会生活产生重大的影响，同时对经济的发展和政权的巩固具有巨大的反作用。遵守道德是社会生活中每个公民所必需的，中共中央颁布的《公民道德建设实施纲要》正是从建设社会主义精神文明的高度把提高公民素质、培养公民应有的道德意识和道德责任感摆上议事日程。当前，我们要在全社会中提倡和贯彻"爱国守法、明礼诚信、团结友善、勤俭自强、敬业奉献"的公民基本道德规范，弘扬振兴优秀的中华民族精神，引导人们努力攀登道德的更高阶梯，用共产主义道德武装全党和全国人民。

法制观教育是指人们对统治阶级所制定的各种法律制度的基本认识和看法。法制是一定统治阶级根据自己的意志，通过政权机关而建立起来的，它包括法律的制定、执行和遵守。法制一旦建立，就具有权威性、强制性，要求所有公民服从和遵守。因此，进行法制观念的教育是思想政治理论课教学的一项重要内容。

四、历史观教育

历史是一面镜子。"以史为鉴，可以知兴替。"这里的"史"包括我国的历史和世界各国的历史。历史记录和积淀了人类的知识和智慧，承载着人类文化的发展，是人类文明得以不断前进的前提。世界各国政府无不重视对自己国家的历史、自己民族的历史的研究和教育。重视历史，以史为鉴，积极弘扬民族的文化遗产以促进社会的进步，这是中华民族的优良传统。历史教育主要就是历史观的教育，所以高校思想政治理论课教学的历史观教育必须充分认识到：针对思想政治理论课教学的各门课的整体性和体系性特征，各门课从不同的侧面和方向进行教学，殊途同归，最终达到同一个目的；高校曾开设的各种与中国近现代史有关的课程主要从革命史和党史的视角向青年大学生展现中国近现代史的发展主线，具有明确的意识形态的政治导向；中国近现代史教育的重要作用之一就是帮助青年大学生正确地认识现实。

第二节 高校思想政治教育理论的创新

一、对高校思想政治教育理论目标的创新

中共中央根据实际的变化，进一步明确了高校思想政治教育理论创新的目标和要求。教育目标是教育的出发点和归宿，思想政治教育理论目标创新是高校思想政治教育创新的首要问题，思想政治教育理论目标是我国高等教育目标的重要组成部分，是一个国家教育的阶级性、政治性的集中体现，是思想政治教育首要的核心问题，对教育的各种活动起着重要的导向作用。高校思想政治教育理论的目标定位体现了国家、社会的期望和要求，反映了教育者、受教育者的需要和追求，预示着思想政治教育理论的发展方向及其结果，制约着思想政治教育理论发展的整个过程。思想政治教育理论目标规定思想政治教育理论的基本任务和要求，代表着思想政治教育理论的发展方向和未来，也是衡量思想政治教育理论实践成效的标准尺度。思想政治教育理论目标不是永恒不变的，它必然会随着时代和社会的发展而发展，随着历史任务的变迁及教育形势的变化而不断调整、充实和完善。

二、对高校思想政治教育理论内容的创新

思想政治教育理论内容是高校思想政治教育理论目标的具体体现，思想政治教育理论目标的创新，必然要求思想政治教育理论内容的更新，而思想政治教育理论内容的建构创新反过来又会影响思想政治教育理论目标的实现。思想政治教育理论的内容并非凭空产生，虽然思想政治教育理论的主要内容是从社会主义建设和改革实践中总结概括出来的，具有相对稳定性，但总体来说它是由社会的政治、经济、文化、历史等诸多因素的发展决定的。其内容会根据教育目标与教育对象以及时代和社会发展进程而不断充实并丰富发展。

当前，我国高校已经形成了一整套思想政治教育理论的创新内容体系，这些内容基本反映了思想政治教育理论的性质要求。但是，随着信息技术的发展，高

校思想政治教育理论的环境越加复杂和多样,这也要求高校思想政治教育理论内容要针对现实情况不断地创新,要始终做到体现时代性、把握规律性、富有创新性。

(一)理想信念教育

长期以来高校就一直注重对学生进行理想信念的教育,使大学生把共产主义理想内化为个人理想,树立共产主义目标并为之奋斗。理想与信念是相伴而存在的,信念是理想实现的推动力。高校思想政治教育就是要将中国共产党的这种坚定信念普及和推广,开展基本国情和形势政策的教育,开展革命建设和改革开放的历史教育,开展社会主义新时期科学发展观教育,开展习近平新时代中国特色社会主义思想的教育,以此来武装大学生的头脑。从而使大学生坚定走中国特色社会主义道路的信念,坚信国家前途命运与自己息息相关,坚定实现中华民族伟大复兴的理想。

(二)民族教育

当前,中国共产党正带领全国各族人民实现全面建成小康社会的宏伟目标,力争实现和谐社会的构建和实现中华民族的伟大复兴。高校要大力弘扬以爱国主义为核心的民族精神,以此为各族大学生的开拓进取提供强大精神动力;要通过思想政治教育理论的民族团结教育,激励和鼓舞所有大学生为实现祖国富强、民主、文明、和谐、美丽的宏伟目标而奋斗;要推动中国共产党的民族理论、民族法律法规、民族政策进课堂、进头脑,还要广泛持续开展宣传民族团结教育活动,从而引导大学生增强民族自尊心、自信心,促使其为祖国建设贡献全部力量。

(三)社会主义核心价值观教育

社会主义核心价值体系是社会主义制度的内在精神和生命之魂,是社会主义社会所特有的文化、文明精神实质和显著标志,是社会主义社会赖以维系的精神支柱,是社会决策的动机和目的,是建设和谐文化的根本,在所有社会主义价值目标中处于统摄支配的地位。

对高校而言,把社会主义核心价值观融入高校的各项工作之中,让社会主义核心价值观转化为所有教育参与者的自觉行动是思想政治教育的任务和核心的内容。确立社会主义核心价值观为思想政治教育的核心内容,就是要在思想政治教育中,以爱国主义、集体主义、社会主义为内容进行教育时坚持马克思主义的教育指导地位，以社会主义核心价值体系为灵魂；就是要在加强大学生世界观、人生观、价值观的教育中突出社会主义核心价值体系的主题；就是要在进行道德教育时遵循社会主义核心价值体系来展开；就是要在树立责任教育、纪律教育、法律教育和践行社会主义荣辱观教育中，把握社会主义核心价值观的精髓，正确引领思想政治教育价值观的发展方向。

（四）生态道德素质教育

目前，中国的环境污染、资源短缺等问题日益严重，环境问题越来越成为人们关注的焦点，整个社会也史无前例地在思考人与自然、人与环境、人与社会的现在与未来的关系，关注生态文明也成为社会道德建设的重要内容。高校教育阶段是大学生形成道德意识的重要阶段，高校应该帮助和促进大学生形成良好的道德情操和道德修养，要引导大学生自觉养成关爱自然、关注生态的良好道德品质和文明行为。鼓励大学生加入促进资源节约、加强环境保护和加强生态文明的制度建设中，为我国的生态建设做出自己的贡献。同时也要继续明确以大学生全面发展为目标进行素质教育。高校要坚持不断培育和弘扬大学生的思想政治教育创新精神，加强以诚信为重点的道德教育，鼓励他们投入以为人民服务为核心，以集体主义为原则的道德建设中去，从而全面提高大学生的科学文化素质和思想道德素质。

第六章 文化培育与高校思想政治教育

　　文化伴随着社会历史和人类文明的发展而发展，以一种无形的力量对人们的社会生活与思想道德观念产生深远的影响，同时也影响着大学生思想政治教育的创新方向。高校思想政治教育应承担起自身的文化使命，把握文化育人的格局，坚持以文化融通促进文化创造，以文化自信促进民族自信，以文化涵养社会主义核心价值观，全面提升当代大学生的精神境界。本章主要内容包括：高校思想政治教育的文化底蕴、高校思想政治教育校园文化的构建探索以及高校思想政治教育中传统文化的融入路径。

第一节 高校思想政治教育的文化底蕴

一、高校思想政治教育的文化属性

（一）高校思想政治教育文化属性的要义理解

　　文化从狭义上就是指精神财富的总和，即对社会大众的思想观念、价值取向以及道德选择的综合反映，代表了一个社会的意识形态取向，这一定义来源于马克思主义对其相关阐述。思想政治教育虽然是为统治阶级代言的，它所蕴含的统治阶级的思想并不是凭空产生而是以文化为根基为土壤而发展起来的。同时思想政治教育的过程也是一定社会阶级发展所需要的思想要求与民众实际思想水平之间的矛盾运动的发展过程，正是基于此基本矛盾，使得这一发展过程首先要扎根于社会文化环境，明确社会发展的需求以及人们的实际思想水平；其次要结合当前社会的文化环境，利用其中的特点、载体等来确保这一过程的顺利进行。由此可以看出，思想政治教育的起源、发展均离不开文化。

　　高校思想政治教育的文化属性具体表现为：思想政治教育作为中国共产党的一项事业，在推动社会主义文化大发展大繁荣中处于重要的战略地位；作为一项实践活动，它的发展依旧受到社会文化的影响，它的实施必须要考虑到当前文化背景下民众的价值观念、道德现状等因素；作为一门学科，它的研究发展更是离不开对传统文化的继承、对当代文化的关注以及对先进文化的指引，因此，文化属性作为思想政治教育的本质属性无可厚非，是与生俱来的，这与思想政治教育阶级属性的天然性一致。然而相比较而言，阶级性是更为根本的属性，坚持阶级属性是彰显文化属性的前提。因此，总体来讲，思想政治教育的文化属性是指思想政治教育具备文化性质及特点，具体来讲就是文化不再是一个独立的个体，而是融入思想政治教育当中，使得思想政治教育在发展的过程中要始终遵循并体现这一特性，即注重文化目标设置、文化逻辑思维的贯穿以及对文化资源的运用等，从而致力于自身文化含量的提高。

（二）高校思想政治教育文化属性的本质规定

文化属性突出反映了思想政治教育是一种文化现象，它产生发展的过程均离不开文化，但又不是单纯的等同于文化。思想政治教育是与文化相互渗透而又相互区别的，是将文化作为一种理念、一种要素等形态融入自身的系统当中。

思想政治教育文化属性的本质规定主要体现在以下3个方面。

第一，文化属性是思想政治教育中根本且稳定的属性。思想政治教育通过传递主流价值，提高民众的思想道德水平，进而提升其文化素养，使得民众能够意识到自身在文化发展中的主体性地位，从而积极主动地发挥文化自觉性，投身于文化的建设当中。

第二，思想政治教育文化属性具有独特性。思想政治教育区别于其他文化教育活动的是它的文化属性通常与阶级属性紧密相连。思想政治教育并不是单纯的传播文化思想，而是以政治取向为根本目的，载之以文化资源，通过文化育人来达到其最终政治目的。无论是古代的"礼教""乐教""文以载道"等传统还是现代的文化育人、德育模式都体现了思想政治教育兼具文化属性和阶级属性的特点，反映了这一属性的特殊性。

第三，文化属性作为本质属性是由思想政治教育的主要矛盾决定的。不论从哪个维度来理解思想政治教育，它的主要矛盾均是"一定社会发展的要求同人们实际思想品德水准之间的矛盾"，这个基本矛盾反映出思想政治教育的根本目的并不是向人们单纯的灌输政治思想，而是以社会主流价值观为核心来提高人们的个人文化素养和思想道德水平。换言之，亦可以理解为社会发展所需要的高标准的社会主流文化价值同当前人们的实际思想文化水平无法达到这一标准之间的矛盾，社会主流价值观作为文化核心，自然而然就决定了文化属性是思想政治教育的本质属性之一。

基于对思想政治教育文化属性本质规定的探究，在进一步深入研究中应当注重的是：一方面，思想政治教育的阶级属性与文化属性是不可分割的，即对思想政治教育文化属性进行相关理论研究以及实践彰显始终是在坚持阶级属性这一原则基础上进行的；另一方面，文化属性表明了文化以一种属性的形式贯穿于思想政治教育当中，是与文化的相融，这一属性深刻地影响着其目标的设置、内容的安排以及方法的选择。总之，文化属性是以坚持阶级属性为基础，是思想政治教育目标设定、逻辑方式以及资源运用等过程中的一种体现，是统治阶级为实现其政治目标而需要运用的一种贴近人们日常文化生活的柔性理念。

（三）高校思想政治教育文化属性的外在体现

文化属性作为思想政治教育的本质属性，必然有着显著的外在体现，具体表现在以下3个方面。

1.思想政治教育文化目标的具备

思想政治教育具备文化属性，决定了文化作为一种理念、一种目的，抑或是一种载体贯穿于其中。文化目标是思想政治教育的基本目标之一，意味着它不是单纯将人们变为政治的工具，而是要以文育人、以文化人。这一属性的具备就使得思想政治教育目标带有双重性，即政治目标与文化目标的共存，从而促使思想政治教育不但要着眼于政治素养的培育，同时要着重思想道德、价值观念等文化素养方面的培育，确保两个目标能够相互促进，推动二者的有效实现。正如当前促进人的全面发展是思想政治教育的培养目标，不仅使人们树立坚定的共产主义理想信念，而且还要弘扬我国的民族精神和时代精神，养成良好的道德品质，从而实现人的物质与精神、科技与人文、政治与道德、生理与心理、知识与能力等方面的全面发展。正是由于思想政治教育这一双重目标的确定，不仅有利于巩固马克思主义的舆论主导地位，同时亦可以切实加快社会主义核心价值观的践行，推动中国特色社会主义文化的大发展大繁荣。

2.思想政治教育文化逻辑的贯穿

文化目标的确立意味着文化逻辑必须融贯于整个思想政治教育当中。一方面，文化价值应有所体现，即向人们传递主流价值观，不仅巩固了马克思主义的主导地位，同时维护了社会主流文化，在一定程度上抵制了外来文化对主流文化的侵蚀；除此之外，思想政治教育过程所传递的爱国主义传统等内容亦使中华优秀传统文化得以弘扬。另一方面，具备以及采用文化逻辑思维方式。如就思想政治教育内容而言，不仅要紧抓政治观方面的教育，还必须注重价值观念、优秀传统文化以及现代先进文化等方面的教育内容的设置；在方式的采用上体现出生动活泼的一面，使得思想政治教育更具文化感染力；同时充分利用文化资源，以此为载体，促使其发挥良好的作用。

3. 思想政治教育文化载体的运用

文化属性的具备使得文化目标以及文化逻辑在整个思想政治教育中必不可少。基于此，思想政治教育在文化逻辑思维的引导下，通过过程中的文化育人来实现文化目标，而这一过程的完成需要运用文化载体。所谓的文化载体，即以文化为一种承载形式，如我们经常能够接触到的校园文化、家庭文化、社区文化，等等，通过这些文化来开展思想政治教育，以此来提升人们的思想道德素质并内化之。文化载体的运用是思想政治教育与文化的相互交融，一方面，通过加强各种文化载体的运用，为其提供良好的平台；另一方面，通过思想政治教育的实施，使主流文化得到强化发展，从而促进二者的融合以及良性互动。

二、高校思想政治教育的文化互动

高校思想政治教育和文化之间存在一定程度的互动，这种互动关系体现在高校思想政治教育和文化发展的整个过程之中，在两者的相互作用、相互影响中促进思想政治教育的改进创新和社会主义文化的发展繁荣。

（一）高校思想政治教育与文化的互动

所谓"互动"，就是指两个主体之间的相互影响、相互作用。高校思想政治教育与文化的互动，是指高校思想政治教育和文化相互影响、相互作用、相互协调、共同发展的过程，是高校思想政治教育和文化之间存在的一个动态的平衡状态。

高校思想政治教育与文化的互动，具体体现在两个方面：一是高校思想政治教育对文化的促进作用；二是文化对高校思想政治教育的促进作用。正如武汉大学黄钊教授所提出的："高校思想政治教育同文化有着不可分割的内在联系，一方面，一定社会的思想政治教育理论、内容以及人们所达到的思想政治素质，是该社会文化含量的重要组成部分，高校思想政治教育的发展，必将把该社会的文化含量推向新的水平；另一方面，一定的文化环境又为高校思想政治教育的发展创造了条件，离开了特定的文化环境，高校思想政治教育就失去了最主要的载体及特定支撑。"

1. 高校思想政治教育对文化的促进作用

有人形象地拿风筝做比喻，将文化比作风筝，而将高校思想政治教育比作风筝的线。这样就不难理解，高校思想政治教育控制文化的发展方向，其内容决定着文化建设的指导思想和基本原则，发挥着基础性的政治保证作用。如果失去高校思想政治教育对文化建设的引导和配合，文化建设就会失去正确方向。

2. 文化对高校思想政治教育的促进作用

随着经济全球化的发展和不同文化之间的碰撞交融，各种文化对高校思想政治教育的影响越来越大。实践表明，高校思想政治教育获得成功，都必须依托本国内在的文化和传统。即使是对国外教育内容和教育方式的吸收和借鉴，也必须将其融于本国的文化环境和现实情况之中，才能切实发挥作用。

因此，从客观上来看，除社会制度不同和生产力水平不同之外，造成高校思想政治教育模式不同的根本原因在于各国文化的不同，在于各种文化类型的不同。无论是本国文化，还是外来文化，都可以而且必须为本国的高校思想政治教育服务，进而拓展高校思想政治教育的新领域，成为高校思想政治教育与现代经济社会发展相结合的有效形式，成为推动高校思想政治教育改革创新的有效途径和重要载体。

（二）高校思想政治教育与文化互动的实质

高校思想政治教育与文化的"双向互动"，实质上是一个"平衡发展"的问题。也就是说，高校思想政治教育与文化建设应保持同步发展、均衡发展、和谐发展，而不能一个发展得快一个发展得慢，更不能一个发展另一个不发展。如果高校思想政治教育和文化建设的发展失去同步性、均衡性，则会直接影响高校思想政治教育和文化的融合效果。

当高校思想政治教育滞后于文化建设时，将高校思想政治教育的理念融入文化建设当中，不仅不会促进社会主义文化的发展和繁荣，而且还有可能阻碍先进文化的发展。同样，当文化建设滞后于高校思想政治教育的发展时，将文化理念融入高校思想政治教育的运行过程当中，也有可能产生负面效果，无法推动高校思想政治教育的改进和创新。因此，促进高校思想政治教育和文化建设的平衡发展，是双方自身发展的客观需要，也是促进彼此融合的客观要求。

当然，我们应该看到高校思想政治教育与文化相互促进的一面。当高校思想政治教育滞后于文化的发展时，将文化融入高校思想政治教育过程之中，有利于推动高校思想政治教育的发展；当文化建设滞后于高校思想政治教育的发展时，将高校思想政治教育融入文化建设之中，也有利于促进社会主义文化的发展和繁荣。在双向融合过程中，利用这些先进的方面带动落后方面的发展，是高校思想政治教育工作者应该努力去做的。

高校思想政治教育和文化建设的双向融合，其本身就是一个相互制约、相互促进的过程，存在一个自我调节、保持一致的自觉机制。它们在相互交融的过程中，不断地调整自己，以适应对方的需要，从而促进双方的协调发展。因此，在推动高校思想政治教育和文化建设的发展过程中，高校思想政治教育工作者应该尊重高校思想政治教育和文化建设的协调发展规律，不能一味地强调一方面而忽略了另一方面。

三、高校思想政治教育的文化融入

对高校思想政治教育文化融入的理解，首先需要正确认识和区分融入与融合的概念，并且对高校思想政治教育的文化融入与"融合教育"有一个清醒的认识。在此基础上，从活动的层面、过程的层面、理念和精神的层面正确认识文化融入。

（一）融入与融合的概念

融合的概念最初体现在融合教育活动中。"融合教育"最早产生于西方，属于西方人本主义的教育范式。在早期，"融合教育"主要应用在儿童特殊教育领域，是指让弱听、弱视等儿童进入普通的小学，与普通学生一起接受同等的教育。"融合教育"实质上就是实现普通教育与特殊教育的融合，目的是提高学生的素质，促进学生的健康成长和全面发展。实施"融合教育"，将弱听、弱视等儿童处在普通学生的生活、学习环境之中，有利于营造良好的沟通和交流环境，增强弱听、弱视等儿童的自信心，极大地促进他们的健康成长。随着学科的发展和理论的进步，"融合"逐渐成为一个重要的理念进入其他领域，目前已被广泛地应用于政治领域和文化领域。

对融入与融合的概念，可以从多个角度进行分析。从词性上说，融入作为一个动词使用；而融合更多地作为一个名词使用。从主体的角度看，所谓"融入"，是指一个事物进入另一个事物之中，成为另一个事物的一部分或者分散在另一个事物之中；所谓"融合"，是指"几种不同的事物合成一体"，体现在心理、情感、结构、行为等方面的融合。也有学者从群体关系维持的角度指出了"融合"的含义，认为融合是一种能够使成员留在所在群体中的力量或者结果。

融合与融入具有许多不同点。第一，主体地位不同。相互融合的两个主体地位相同，两者并重；而融入的两个主体地位不同，有主有次。在相互融合的过程中，思想政治教育与文化的地位相同，思想政治教育和文化在整个过程中的重要性一样；而在思想政治教育的文化融入过程中，思想政治教育占据主体地位。在融入过程中，文化作为一个要素、一种环境渗透到思想政治教育的系统之中。第二，交融后的结果不同。两个不同的事物，在相互融合之后，产生的可能是另外的新事物，具有区别于原来事物的新特征，可以用公式"A + B = C"来表示，如宽带通信网、数字电视网、下一代互联网的"三网融合"。当思想政治教育与文化融合之后，可能也会产生新的事物，形成新的思想政治教育文化学等交叉学科。在这个理论中，思想政治教育所占的内容多一些，还是文化的内容多一些，我们无法做出准确评估，但一定会是一个新的理论内容。而将一个事物融入另一个事物之中，只会增强另一个事物，不会改变另一个事物的根本属性。当文化融入思想政治教育当中时，只是在一定程度上丰富了思想政治教育的内容和方法，改善了思想政治教育的环境，并没有从根本上改变思想政治教育的性质，更没有产生新的理论甚至新的学科。

融合或融入作为一个单独概念，必须与具体事物结合，才能体现出具体的特征和功能，如社会融合、文化融合、交流融合等。文化融合是当今社会发展的一个典型特征。任何一个国家和民族的文化，首先来自本民族的传统文化，同时也借鉴了世界各国的优秀文化，是一元文化与多元文化的并存与交融。文化的融合过程是吸收各种文化的优点和长处，这一过程需要一个相当长的时间。文化所处的环境变化越大，文化融合的速度也就越快。

（二）高校思想政治教育和文化的融入与融合

从系统角度分析，高校思想政治教育和文化作为社会的两项重要的实践活动，具有共同性，也有差异性。高校思想政治教育系统与文化系统是两个相交的圆，它们之间既有彼此渗透影响的共同部分，又有本质不同的独特之处。这种共同性为高校思想政治教育与文化的融合提供了前提，它们的独特性又为促进两者融合，发挥各自长处并相互借鉴、取长补短奠定了基础。

高校思想政治教育与文化不存在相互排斥，也不可能相互代替。在建设中国特色社会主义过程中，应实现两者的有机结合，促进两者的融合与互补。高校思想政治教育工作者应该"更加自觉地把高校思想政治工作与文化建设融合起来"，一方面，将高校思想政治教育融入社会主义文化建设之中，为文化建设保证方向、提供动力,促进社会主义文化的大发展大繁荣;另一方面,将文化融入高校思想政治教育的全过程,增强高校思想政治教育的文化性,实现"春风化雨、润物无声",促进高校思想政治教育的改革创新。

高校思想政治教育与文化的融合具体体现在两个方面:一是指将高校思想政治教育融入文化的发展之中,融入文化建设当中。在这里,文化建设是主体,高校思想政治教育作为一个元素、一种理念的形式被纳入文化建设的范畴中。其目的是通过发挥高校思想政治教育在文化建设中的动力和保证作用,更好地促进社会主义文化的大发展大繁荣。二是指将文化融入高校思想政治教育的发展过程当中。在这里,高校思想政治教育是主体,而文化是作为社会的一个元素、一种理念或一种环境等形式被纳入高校思想政治教育的范畴之中。其目的是通过发挥文化在高校思想政治教育过程中的熏陶感染作用,进一步增强高校思想政治教育的实效性,提高高校思想政治教育的科学化水平。

高校思想政治教育的文化融入,是高校思想政治教育与文化融合中的一个方面,主要是指将文化融入高校思想政治教育之中的过程。高校思想政治教育的文化融入,其主体是高校思想政治教育,其目的是增强高校思想政治教育的实效性。在这个过程中,文化作为一种元素、一种载体、一种理念的形式存在,采取各种形式将文化融入高校思想政治教育的方方面面,进而提高高校思想政治教育的文化含量,增强高校思想政治教育的实效性。

(三)高校思想政治教育文化融入的体现

高校思想政治教育和文化作为两个独立但又密切联系的系统,两者是辩证统一的。一方面,高校思想政治教育具有一定的文化性;另一方面,文化也具有一定的政治性和教育性。高校思想政治教育的核心内容是一定的社会核心价值观,这种价值观的传播离不开一定的载体,这种载体就是文化。无论哪种价值观都需要通过一定的文化形式表现出来,都需要通过一定的文化载体进行传播。同时,文化的存在和发展也离不开核心价值观,世界各种各样的文化都不可避免地承载着人类的价值观念和价值选择。离开了一定的价值观念,人类将无法创造文化,也就无所谓文化。从这个意义上看,人类生活的世界无时无刻不在进行着一定的文化价值观的传播,进行着思想政治教育活动,人类也无时无刻不受到文化的熏陶和价值观的影响。因此,高校思想政治教育的文化融入,实质上是教育者主动地、自觉地将文化融入高校思想政治教育之中,使其发挥正能量的过程。

高校思想政治教育的文化融入，是一项社会实践活动，也是一个发展过程，更体现为一种理念和精神。

1. 高校思想政治教育的文化融入是一种社会实践活动

所谓活动，主要是指人的活动，是人的生存和发展的主要方式。"活动是人的存在和发展的方式，是作为主体的人在自身需要的推动下与相互联系的客体发生相互作用，并实现与客体双向对象化的过程。"高校思想政治教育不仅是一门学科，而且是一项社会实践活动，是人类的一项重要的主体性活动，具有很强的实践性。高校思想政治教育的文化融入作为高校思想政治教育发展的一个重要方面，同样也是高校思想政治教育实践的重要体现，是人们在从事高校思想政治教育工作中的一项重要的社会实践活动。

2. 高校思想政治教育的文化融入是一个发展过程

将文化理念融入高校思想政治教育的运行之中，是一个渐进的过程，不可能一蹴而就。高校思想政治教育文化融入的过程，就是将事物中的文化因素或者文化本身渗入高校思想政治教育的理论研究和教育实践的整个过程。

目前来看，高校思想政治教育文化融入的研究和实践还处在起步阶段。高校思想政治教育工作者在高校思想政治教育的文化载体、文化活动形式等方面已经做出了巨大努力，并取得了良好的成绩，促进了高校思想政治教育文化含量的提高。这些都是在促进高校思想政治教育文化融入过程中取得的宝贵经验，也是提高高校思想政治教育科学化水平的有效措施，需要进一步坚持和改进。但从另一方面看，高校思想政治教育的文化融入其他方面仍有很多不足之处，如高校思想政治教育的文化理念、文化理论、文化融入的推进策略和模式等，这些方面都需要在推进高校思想政治教育的发展过程中进一步探索和总结。

3. 高校思想政治教育的文化融入是一种理念和精神

高校思想政治教育的文化融入，不仅是一种活动、一个过程，而且是一种理念和精神，体现在高校思想政治教育发展的整个过程之中。文化在高校思想政治教育中的存在形式更多地体现为一种理念、一种精神，能够有效地提高高校思想政治教育的文化含量。树立高校思想政治教育的文化融入理念，应该将文化理念和文化精神融入整个高校思想政治教育的发展过程之中，体现在高校思想政治教育的方方面面。文化不是作为高校思想政治教育的单独的一部分存在，而是与高校思想政治教育交融在一起，作为一种理念和精神体现在高校思想政治教育的运行、发展的全过程之中。

第二节 高校思想政治教育校园文化的构建探索

一、高校思想政治教育与校园文化环境的关系

（一）高校校园文化环境对思想政治教育的影响作用

1. 高校校园文化环境为思想政治教育的开展提供客观基础

校园文化环境为高校思想政治教育工作的开展提供了一定的前提条件。首先，大学生思想品德的形成和发展依赖于一定的物质条件，高校思想政治教育的开展也必须依托于一定的物质场所。校园建筑及文化设施，如学校教学楼、宿舍楼、图书馆、艺术厅、体育场、展览馆，等等，高校校园物质文化环境为思想政治教育提供了有效的物质基础。其次，高校校园文化环境为思想政治教育提供了基本的"信息源"。高校思想政治教育必须结合一定的校园文化环境来进行，高校校园文化环境处于不断的变化中，这种变化会给大学生的思想和行为带来一定的影响，给高校思想政治教育带来新的问题，由此推动着高校思想政治教育为解决这些问题而进行一定的思想政治教育活动。

2. 高校校园文化环境是影响思想政治教育效果的重要因素

高校思想政治教育始终是与一定的校园文化环境联系在一起的，校园文化环境对高校思想政治教育的影响和制约是客观的、普遍的、必然的。高校校园文化环境通过对高校思想政治教育的主体、客体、介体的影响，间接地影响其实效性。

高校思想政治教育客体即大学生。他们的思想品德不是天生的，而是后天教育和环境影响的结果。高校校园文化环境具有强烈而自然的育人功能。大学生长期生活在校园中，其思想观念和生活方式必然受到高校校园文化环境潜移默化的影响。学校的自然环境及各种物质设施不仅为他们的学习生活提供了有效的物质保障，其所蕴含的文化气息还能够生动直观地展现在大学生面前，使得大学生在浑然不觉中自然地受到感染和启发；学校精神、校风、文化活动和舆论氛围中所蕴含的价值观念和道德准则具有很强的渗透性，在潜移默化中发挥着无形的教育功能，对大学生的思维方式、价值选择、政治信仰、行为方式有着巨大的导向和规范作用；高校的各种规章制度为大学生提供了品质、行为、道德的标准和评定

的尺度,通过强制与非强制手段规范和约束大学生的言论和行为;校园网络所传递的信息、传播的知识、反映的舆论,为大学生的生活、学习所提供的各种指导和帮助,对大学生的思想观念和行为方式有着重要影响。

高校思想政治教育主体即高校思想政治理论课教师、辅导员以及其他思想政治教育工作人员,在高校思想政治教育中处于主导地位。同大学生一样,他们的思想观念和行为方式也会受到高校校园文化环境的感染与影响。他们的价值观念、道德观念和行为方式绝大多数与高校提倡的相吻合。此外,高校的办学理念和有关教学的规章制度对思想政治教育工作者的教学态度和教学方式也有一定的影响。拥有先进教学理念和健全规章制度的高校,其大多数思想政治教育工作者就会秉持正确的教学态度和科学的教学方式。

校园文化环境对高校思想政治教育的介体,即高校思想政治教育的方法和途径具有一定的影响。高校教学资源和硬件设施是否先进、是否完善对高校思想政治教育的教学方法具有一定影响。拥有健全硬件设施(如多媒体教室、展览馆、电脑室、阅览室等)的高校,思想政治教育工作者可以充分利用这些设施进行教学工作,使教学方式"活"起来。另外,高校校园网络可以为大学生提供及时、有效、大量的信息,有效地拓展了大学生的知识来源,使高校思想政治教育教学不再局限于教科书、课堂和学校,扩宽了高校思想政治教育渠道。

总的来说,高校校园文化环境是影响高校思想政治教育效果的重要因素。良好的高校校园文化环境不仅能引导大学生形成健康的思想品德,而且还能够推动高校思想政治教育活动的顺利实施;反之,则会给高校思想政治教育带来消极的影响。因此,高校要努力营造一个良好的校园文化环境,以增强思想政治教育的效果。

3.高校校园文化环境推动高校思想政治教育不断发展

校园文化环境虽然影响和制约着大学生思想品德的形成和发展以及高校思想政治教育活动的开展,但仍然为高校思想政治教育的发展提供了一定的外部推动力。

(1)校园文化环境中的积极因素推动高校思想政治教育向前发展

校园文化环境中的积极因素能够对高校思想政治教育的发展起到一定积极、正面的影响,能够对高校思想政治教育的发展提供强大的推动力。例如,干净整洁、清新明亮、美观大方的校园物质文化环境能够让大学生感到心情舒畅、心旷神怡,能够调动他们生活、学习的热情与激情,在无形中陶冶他们的心灵。大学生进行知识、文化教育又可以使学生受到审美情操的陶冶,在人文氛围中提升自己的价值观念、审美情操、精神风貌等;健康的校园网络环境为高校思想政治教育提供了更有效、更安全、更便捷的渠道，能够更好地推进高校思想政治教育。

（2）校园文化环境的不断变化推动着高校思想政治教育不断向前发展

校园文化环境由各种各样的要素构成，而各要素并不是一成不变的，各要素之间的相互作用和变化发展必然引发校园文化环境的变化，这种变化给高校思想政治教育带来了新的机遇与挑战，并推动高校思想政治教育为解决这些挑战而进行新的思想政治教育活动。校园文化环境的不断变化，新的思想政治教育活动就会不断地进行，由此往复，不断地提高和推动高校思想政治教育的发展。

（二）思想政治教育对高校校园文化环境的能动作用

1. 思想政治教育能够完善高校校园文化环境

高校思想政治教育主体和客体的自主性特点决定了思想政治教育不是被动的受环境的限制，而是具有能动的反作用，能够认识和改造校园文化环境。

第一，高校师生在进行各种实践活动和思想政治教育过程中，可以能动地感知校园文化环境。高校校园文化环境信息通过高校师生的感官反映到他们的头脑中，使他们对校园文化环境形成一定的感知认识。

第二，高校师生能够在认识校园文化环境的基础上对环境各要素进行科学的判断。高校校园文化环境的要素复杂多样，在持续不断的实践活动中，高校师生能够对各个环境要素进行价值性的评价，能够弄清楚哪些是对其有利的，哪些是需要改善的。通过不断"纠正"自己关于高校校园文化环境各个要素的认识，最终把握其属性、特点及发展规律。

第三，高校师生可以能动地对校园文化环境进行建设。在遵循校园文化环境的特点和规律的前提下，高校师生能够在实践中找到一定的措施发扬和创造积极的校园文化因素，消除和转化不良的校园文化环境因素，确保校园文化环境朝着更有利于大学生身心健康的方向发展。

2. 思想政治教育为高校校园文化环境建设指明方向

高校思想政治教育作为以提高大学生的思想认识和改善大学生的行为为己任的特殊的社会实践活动，在促进校园文化环境改善中起着不可替代的作用。高校思想政治教育有利于增强大学生认识和改造世界的能力，激励他们用自身的行为和实践去改造校园文化环境。思想政治教育给高校师生认识和改造校园文化环境的实践活动提供了正确的思想引导，控制了高校校园文化环境建设的方向。高校思想政治教育活动决定了高校校园文化环境建设必须朝着社会主义先进文化的方向发展，朝着有利于高校思想政治教育的方向发展。

总的来说，思想政治教育与高校校园文化环境是相互影响、相互依存的关系。一方面，校园文化环境影响和制约着高校思想政治教育的效果；另一方面，高校思想政治教育又对校园文化环境具有能动作用。科学的理解思想政治教育与高校校园文化环境的关系，对思想政治教育视域下高校校园文化环境的研究具有十分重要的意义。

二、高校思想政治教育校园文化的构建策略

（一）以立德树人文化营造思想政治教育的平等环境

高校思想政治教育的根本任务——立德树人。所谓"立德"，就是坚持德育为先，通过正面教育来引导人、感化人、激励人；所谓"树人"，就是坚持以人为本，通过合适的教育来塑造人、改变人、发展人。"感人心者，莫先乎情"，思想政治教育是做人的工作，离开了立德树人的本真，就显得苍白无力。

第一，必须树立平等交流的观念，转变过去"我讲你听"的"单向灌输式"思维定式，放下身段与大学生打成一片，充分尊重和考虑其现实需求，打消其对思想政治教育的距离感，甚至抵触感，增强教育的亲和力。

第二，必须注重以德服人，靠真情去打动人、用诚心去引导人，教育工作者要以师长情、兄长爱关心青年学生的成长进步，维护其切身利益，把解决思想问题与解决实际问题结合起来，用情感上的平等交流和心灵上的无缝链接，拉近与大学生之间的距离。

第三，必须把握大学生的特点，满足其求新求异的需求，搞好思想调查，找准问题症结，做到把深奥的道理剖开，把关注的话题说开，把思想的困惑解开；多一点深入浅出的剖析，少一点简单生硬的灌输，多一点活泼生动的探讨，少一点照本宣科的枯燥，多一点贴近实际的关怀，少一点高高在上的空泛，真正把教育人、培养人、塑造人和尊重人、理解人、体贴人统一起来，加强交流互动，引发共鸣，启迪思想，让大学生有一种"味淡来加盐、口渴来送水"的感觉，从而使思想政治教育更深入人心。

（二）以爱国主义文化集聚思想政治教育的磁场效应

高校思想政治教育的永恒主题——爱国主义。高校作为加强爱国主义教育，弘扬爱国主义精神，培养担当民族复兴大任时代青年的主阵地，需要集聚强大的磁场效应，发挥广大师生的共同力量。

第一，必须拓宽教育渠道，将爱国主义教育的课堂延伸到高校工作、生活

的各个方面，延伸到操场、宿舍各个场所，按照教育要求和学生思想变化采取多种方式，积极开展"三五分钟一堂课、三言两语明一理"活动，让大学生走上讲台，即兴演讲，分享心得，启发自觉。

第二，必须借助社会环境，利用我国深化改革和现代化建设成就，多让大学生接触社会，通过组织参观爱国主义教育基地、游览红色文化景点、倾听革命先辈故事等途径，进一步坚定中国特色社会主义信念，架起高校、社会、家庭"三方共育"桥梁，激发大学生的爱国热情。

第三，必须用好网络媒体，注重开发智能终端 App，整合网络课程资源，即时发布国家层面最新政策要闻等专题内容，开展相适应的网上辅导、交流互动、文化娱乐等活动，扩大教育的覆盖面和影响力，抢占思想政治教育新阵地，实现教育内容由深变浅、教育形式由虚变实、教育资源由滞变活，让最新鲜、最有趣的爱国主义教育资源进入大学生的视野。

（三）以科教兴学文化倡导思想政治教育的创新驱动

高校思想政治教育的客观规律——科教兴学。其指的是遵循教育规律，用科学理论指导教育改革与发展的社会实践，大力提高教育工作的科学文化水平，不断提升教育质量和办学效益。

第一，必须积极采取与时代节奏合拍、与大学生兴趣相投的教育方式，加入创新元素，增强思想政治教育的渗透力。

第二，要建好队伍，选优配强师资力量，着力更新知识结构，充分发挥教育工作者在各自领域的主导作用，以新思想新观点看待和解决新问题，以新知识新概念解答大学生的困惑，以新手段新形式增强教育效果，引导大学生认清思想政治教育的重要性和科教兴学的必然性。

第三，要占领阵地，新兴媒体所发挥的作用与日俱增，意识形态领域的斗争空前激烈，加之大学生的构成正悄然发生改变，面对信息洪流涌动的网络世界，要有占位意识，发挥出思想政治教育的"主心骨"作用。

第四，要唱响旋律，运用"师生座谈会""问卷调查"等方式，耐心细致地为大学生答疑释惑，纠治心理偏差，缓解大学生学习压力，使其思想保持"常温"，努力营造和谐的师生关系，按照"教育要主动、授课要生动、课堂要流动、师生要互动"的要求，利用日常学习间隙积极开展丰富多彩的配合活动，进一步坚定大学生的理想信念，凝聚革新创新精神，展现大学生作为新时代社会主义建设者和接班人应有的动力、活力和能力。

第三节　高校思想政治教育中传统文化的融入路径

一、传统文化融入高校思想政治教育的价值

将传统文化融入高校思想政治教育，能在思想政治教育教学中真正深入展现文化的育人价值，为思想政治教育带来更丰富的育人内容和更多样的育人形式，进一步提升思想政治教育的实效，同时能有效展现文化的时代性，体现传统文化在当代的生命力。

（一）强化大学生对传统文化的认同

随着世界经济全球化、一体化的深入发展，一些西方国家试图通过文化渗透的方式来抑制中国的发展，而当前中国特色社会主义事业建设正处在一个关键时期，各类价值观念不断冲击。在这样的背景下，大学生处在文化势力交锋的前沿，他们是否具有坚定的文化自信及内心是否认同中华优秀传统文化，对其能否成长为合格的时代新人具有重要影响。

所以，高校应将传统文化融入思想政治教育，在深层次的文化育人中强化大学生对优秀传统文化的认同。一方面，传统文化融入教育能在文化层面丰富教育内容，大学生在接受教育的过程中便能更全面地了解优秀传统文化，明确其蕴含的价值和深刻内涵，并接受文化的熏陶。另一方面，文化的融入还能深化教育的内涵，帮助教育实现更深层次的开展。以传统文化的深厚价值充实教育，能发挥文化引领人、教育人的重要作用，同时引导大学生习惯使用传统文化思维分析问题、解决问题，感悟中华民族传统文化的系统性和深刻性，在此价值体系下坚定文化自信。

（二）优化思想政治教育话语表达

在高校思想政治教育中融入传统文化，可以帮助教育从文化中汲取内涵深厚、形式多样且具有较强认同感的话语表达，在深化教育话语认同、强化教育话语理解度的基础上提高教育实效。

1.传统文化可为思想政治教育提供有亲和力的话语选择

传统文化经过长期发展，已形成独特的发展形式和经典内涵。对经历过长期教育的大学生群体而言，他们对传统文化或多或少地都有一些了解和认知。思想

政治教育者在教育中采用传统文化式的话语展现相关理论知识,进而唤起学生内心的文化认同,展现教育的亲和力,并在此基础上深化学生对教学内容的理解,进而提高教育实效。

2.传统文化还可为思想政治教育提供多样化的话语表达

优秀传统文化的内涵深厚,与之相关的故事、历史记载、表现形式多种多样,形式十分丰富,将其融入教育,可以丰富思想政治教育的话语表达形式,通过讲故事、列图表、史料解读等方式向大学生进行思想政治教育内容的传递,可以有效调动学生参与思想政治教育活动的积极性,拉近思想政治教育与学生的距离,展现思想政治教育的多样化并深化教育效果。

(三)推动优秀传统文化的创新传承

优秀传统文化融入思想政治教育,不仅是文化内涵在教育中的展现,发挥文化育人的作用,而且还体现出教育对文化的创新性发展。对教育和文化来说,二者的融合是相互作用的结果,而要真正展现文化育人的价值、提高教育实效,高校还需在辨别精华和糟粕的基础上对优秀传统文化进行创新,在此过程中,优秀传统文化的时代性和先进性便可得到进一步展现。由于时代的快速发展,教育者如不对优秀传统文化的内涵和价值加以转化而直接使用,会影响学生的理解,文化育人的作用无法在思想政治教育中得到充分发挥。

因此,新时代背景下二者的融合需要对优秀传统文化的内涵进行丰富和创新。高校思想政治教育者可依据时代发展变化和教育要求对优秀传统文化的内涵进行重新阐释,赋予其新的内涵,打破其融入的单一化、搬运式限制,真正使其转变为适应新时代思想政治教育发展要求的资源,也为进一步展现文化育人的价值奠定基础。

(四)树立核心价值观意识,培养合格接班人

我国的传统文化与孔孟时代的礼义廉耻、忠孝仁爱、厚德载物、忧国忧民、和谐自然的关系是一致的,对中华民族影响深远,具有长久的生命力。深入挖掘我国优质文化,提取其精神内涵,将其融入新时代的核心价值观中,并通过高校思想政治教育进行传承、弘扬,对于大学生认识、理解、践行社会主义核心价值观具有重要的价值引领作用。

(五)加强大学生人格塑造,培养健康心理

当代大学生"自以为是"的单向思维现象较为明显,加之很多大学生沉迷于

网络，导致其严重缺乏现实交际，对其心理健康和交际能力的培养产生了严重阻碍。在传统文化的辅助教育下，高校的思政教育内容得以丰富，依托优秀的传统文化，能够对大学生形成更加积极的思想引导，有助于塑造其健全的人格，保持心理健康。

（六）推进高校思想政治教育的创新发展

优秀传统文化是中华民族的宝贵财富，弘扬和传承优秀传统文化是中华儿女的神圣使命和光荣责任。当前，中华民族的优秀文化传承和发展已被摆在突出的地位，注重推动文化创新，在实践过程中，优秀传统文化得到了进一步弘扬和创新。而素质教育目标下，高校对思想政治教育的关注度不断提升，通过优秀传统文化的传承，使传承传统优秀文化和高校思想政治教育相结合，能够让大学生在文化传承的实践中，提升对于思想政治教育的理解和认识，提升大学生思想价值观念，促进大学生成长发展。因此，弘扬优秀传统文化能为高校思想政治教育的创新发展带来新的机遇，高校要把握中华传统文化传承的要点，将传统文化传承和思想政治教育相结合，这对探索高校思想政治教育课程的建设和发展具有重要意义。

二、传统文化融入高校思想政治教育存在的问题

传统文化融入思想政治教育对双方都有重要积极作用，其融入过程与传统文化资源内涵、融入形式、教育者文化素养及文化环境等因素息息相关。当前，仍有部分高校或多或少地存在上述问题，成为优秀传统文化融入思想政治教育的阻碍。

（一）高校对传统文化资源挖掘不充分

当前，高校开展思想政治教育多以课程教学和日常活动为主，教学内容较为固定且具有较强的理论性，而对优秀传统文化中蕴含的育人资源缺乏高效运用，这导致教育资源的匮乏。究其原因，一方面，在当前环境下，高校虽然已开始重视文化育人的作用，但是对优秀传统文化中的育人资源的使用尚未形成体系，教育者对其作用也缺乏重视，未投入足够的时间和精力挖掘其中蕴含的育人资源。另一方面，虽然有部分高校开展了挖掘传统文化的活动，但在挖掘优秀传统文化育人资源时缺乏与当代文化机构的深入合作，挖掘深度不够，导致优秀传统文化融入教育时出现动力不足、内容不全面等问题，其育人价值也无法在教育中得到充分展现。

（二）传统文化融入形式较为单一

部分高校依赖思政课推进优秀传统文化融入思想政治教育，教师在课程教学中展现中华优秀传统文化时多以故事穿插及片面展示为主，致使相关内容和精神无法深入学生内心。一方面，高校在教育中融入优秀传统文化以思政课为主，影响了融入范围。虽然思想政治教育的课程教学是主要阵地，但教育还有其他环节。教育者只重视中华优秀传统文化融入课程教学，忽视其在其他多种教育环节的融入，会严重限制其融入教育的深度，学生对教学内容的理解和认同也会流于表面，融入效果难以提高。另一方面，高校在选择优秀传统文化融入内容和设计融入形式时，缺乏对大学生学情的全面把握，使优秀传统文化的融入缺乏针对性，融入形式无法吸引大学生的关注，融入内容无法满足大学生的实际需求，从而导致优秀传统文化在教育中的育人价值无法实现。

（三）校园文化中传统文化内涵缺失

在国家大力倡导文化建设的时代背景下，高校积极响应国家号召。然而，仍有部分高校忽视校园文化建设或仅在物质建设和提升教学质量之余开展文化建设活动，大学生无法在校园生活中感受优秀传统文化的魅力。

第一，部分高校不重视校园优秀传统文化环境建设，相关组织者和领导者在规划过程中不重视优秀传统文化，而是在急功近利、重理轻文等思想指导下建设校园文化，导致校园优秀传统文化氛围不浓。

第二，部分高校虽在建设校园文化的过程中投入了大量的资金和技术，但在选用优秀传统文化时仍存在生搬硬套、融合不深等问题，导致优秀传统文化与校园环境格格不入，无法真正展现其育人价值，也无法推动其融入教育。

（四）思想政治教育者的传统文化素养有待提升

当前，部分高校思想政治教育者对优秀传统文化的认知不全，相关文化素养较低，无法有效地将优秀传统文化融入教育，其育人价值无法充分展现。

第一，高校缺乏对教育者的优秀传统文化知识的培训，教育者缺乏系统学习和了解优秀传统文化深刻内涵和发展历史的途径，导致其缺乏必要的中华优秀传统文化素养，再加上教育者之间在探究优秀传统文化、引导优秀传统文化融入教育的过程中缺乏有效交流和沟通，教育者引导优秀传统文化融入教育的方法和内容选择也存在短板，从而严重影响优秀传统文化融入教育的有效性。

第二，高校思想政治教育者多承担繁重的教学、科研及管理等任务，没有足够的时间和精力学习优秀传统文化知识，教育者表现出在优秀传统文化素养方面的缺失。因此，教育者无法在日常教学及管理工作中创设优秀传统文化氛围，无法发挥其榜样作用，在促进优秀传统文化融入思想政治教育方面出现动力不足、深度不够等问题。

三、传统文化融入高校思想政治教育的策略

（一）提升教育者的文化素养

教育者的文化素养对优秀传统文化的融入具有重要影响。只有提升教育者的中华优秀传统文化素养，才能发挥优秀传统文化重要的育人作用，因此，高校和教育者都应做出努力。

第一，高校应为教育者提供优秀传统文化培训，帮助教育者系统了解优秀传统文化。高校可为教育者提供多种培训，搭建多样化的交流平台，帮助教育者了解优秀传统文化融入思想政治教育的可行性和必要性，促使教育者掌握传统文化融入思想政治教育的基本原则和主要方法，为教育者提供锻炼的机会，帮助教育者在相互交流学习中提升中华优秀传统文化素养，强化教育者文化传承的责任感，为更有效地展现文化育人价值提供正确的方向引领。

第二，作为传统文化融入的重要引领者，教育者自身也应树立探索中华优秀传统文化，提升自身优秀传统文化素养的自觉。教育者应在日常教学、科研及管理工作之余，投入必要的时间和精力学习优秀传统文化，探索其融入教育的多种方法，并在课堂和校园内营造良好的文化氛围，在全面传播优秀传统文化的基础上促进其融入思想政治教育，进一步提升自身的中华优秀传统文化素养。

（二）创新传统文化的融入形式

丰富优秀传统文化在课程教学中的融入形式，能使大学生在接受课程教学时接触中华优秀传统文化，通过学习理论知识感知其深刻内涵，从而达到文化育人的效果。首先，高校及教育者应注重整合及创新优秀传统文化融入课程教学的形式，设计情境体验式、案例探究式、线上线下混合式教学等，在教学过程中展现优秀传统文化内涵，在师生互动交流及探究体验中增强课程教学的生动性，提高大学生接受优秀传统文化熏陶的积极性。其次，高校应重视分析当代大学生的学习需求和学习特征，在全面把握学情的基础上增强优秀传统文化融入教育形式的针对性。高校在设计文化融入形式和内容之前，应借助大数据、云计算等技术开展对学情的调查分析，力求全面掌握大学生对优秀传统文化的认知程度、参与教

育的实际需求和习惯特征，为后续设计教育形式和内容提供参考和依据。最后，依据学情调查结果，高校可设计多种融入形式，在信息技术的支撑下开展多种多样的文化育人活动，促进优秀传统文化深入学生头脑。高校可在网络思想政治教育平台中设置专门的文化育人板块，也可带领师生协作开发优秀传统文化主题教育 App，设置优秀传统文化育人官方微博和微信公众号，促使中华优秀传统文化在贴近大学生现代化生活的同时发挥育人作用。

（三）深入挖掘传统文化的育人资源

在国家大力宣传文化软实力发展重要性的当下，高校已开始重视对优秀传统文化的发掘和运用，但仍处于初级阶段。优秀传统文化蕴含的育人资源尚未得到充分开发，育人价值也未得到充分展现。对此，首先，高校应从思想层面重视中华优秀传统文化的育人价值。在正确思想观念的指导下，教育者才能对优秀传统文化蕴含的育人资源进行充分分析和有效整合，为其更好地融入教育提供资源支撑。因此，高校需在日常工作安排中强化优秀传统文化的熏陶和教育，促进教育者深入研究优秀传统文化，帮助教育者系统了解其深刻内涵和育人价值，为深入挖掘育人资源提供思想和理论支撑。其次，教育者应在正确观念的指引下，深入挖掘当地特色文化。教育者可与当地文化研究机构进行合作，共同探寻特色中华优秀传统文化。最后，教育者应对当前优秀传统文化中蕴含的育人资源进行探究。这就需要教育者在日常教学、科研及管理工作之余，对其与教育的相融性进行深入分析，明确优秀传统文化中蕴含的育人资源种类、内容和形式，并从中得出其融入教育的可行性途径。

（四）加强顶层设计，形成文化育人合力

高校要将优秀传统文化教育当作一项系统工程，加强顶层设计，统筹规划，把优秀传统文化教育与学校第一课堂课程设计、第二课堂德育活动相融合，创新载体，灵活组织形式，不断丰富教育方式，形成合力，保障教育的高效率和实效性。

1. 教师培训方面

重点从提升教师思想认识水平、教师传统文化素养和教师传统文化教育教学能力三方面入手，不断提升教师的道德素养、人文素养，学以致用、学以致道，以人格魅力、言传身教影响学生、感召学生，为岗位适应、核心竞争、持续发展能力打下坚实人文基础。

2. 工作评价方面

制定"学校—教师—学生"等多个层面的优秀传统文化教育工作评价体系，做好经验总结和制度固化，对表现突出的集体和个人及时给予激励，形成优秀工作案例和典型经验，加大宣传推广力度。

3. 传统文化课程教学模式方面

探索"三元合作、四维贯通"教学模式，三元合作：学校、企业、社会；四维贯通：课堂教学、社团活动、社会实践、专题项目。

让学生在潜移默化中接受优秀传统文化教育的熏陶，提升学生的人文素养，丰富学识，提升品位，增强文化认同感和民族自信心，从而达到优秀传统文化与思想政治教育相融合的目的。

（五）利用网络平台，创新传统文化教育

高校应通过在线平台积极促进在线教育的实现，创新和传播传统文化。首先，可以通过学校的新闻网络，通过慕课、在线课程和其他有效形式进行在线传统文化教育。其次，充分利用网络时代下的新媒体开展在线教育，可以通过使用微信、微博、腾讯QQ、快手、抖音等新媒体平台进行教育活动，立足传统文化视域下的小人物、小故事开展宣传推广，进一步拓展学生的文化视野和思想认知。比如，可以推送一些非物质文化遗产的新时代继承人的记录故事，引导学生学习其匠心精神和坚持不懈的拼搏精神，等等。

总之，高校必须结合学生特点及时代特色，积极组织各种校园网络文化活动，以在网络环境中建立新型的师生互动，为优秀的中国传统文化准备科学合理的教育计划，通过整合"线上＋线下"的混合教育模式，拓展人文层面的教育渠道，并进一步增强大学生的综合能力和人文层面的教育活力。

（六）营造良好氛围，增强人文素养底蕴

在高校思想政治教育中，仅进行简单的说教和理论知识的灌输，忽略学生的成长经历和实际需求，会严重降低学生的认同感和接受教育的能力。所以，高校需要重视校园文化氛围的建设，已达到潜移默化的思想政治教育效果。在校园文化建设中融入传统文化元素，可以促进思想政治教育的有效性、体验性和多样性，并按照当代学生的成长经验来促进高校思想政治教育的实现。对此，首先，要充分发挥共青团、学生会和社团组织的作用，并通过国学讲座、书法比赛、绘画比赛、传统节日、传统体育比赛和辩论比赛等传统文化活动，构建优良的校风

文化。其次，可以立足学校的办学条件、学校历史和学术特征，将学校的教育设施、校风校貌、学校基础建筑等方面与传统文化相融合。同时，可以在社会实践中加强与博物馆、爱国主义教育基地、地域特色和民俗体验馆、民俗文化展示厅、历史文化遗迹等传统文化基本载体的联系，使优良的传统文化融入大学生的知识和行为当中，加强思想政治教育效果。

此外，高校应加强与社会企业机构的联动，与艺术机构和一些"老字号"企业展开积极合作，深入探索区域卓越传统文化的本质，探索传统文化进校园的模式，整合多种学科并建立途径，加强学生实践技能培养，促进学生深入了解和认识传统文化。

（七）发挥"思政课程"和"课程思政"阵地作用

继承和发扬中国优秀传统文化，要充分发挥思想政治理论课在教学中的核心作用，坚持马克思主义理论的指导，结合社会主义核心价值观，将优秀传统文化熔铸到思想政治理论课的全过程。通过加强课程设计，切实从内容、方法以及形式等方面，将中国优秀传统文化与"四个伟大"（伟大斗争、伟大工程、伟大事业、伟大梦想）的新创造统揽起来，充分发挥中华优秀传统文化资源的思想教育、道德化育、价值塑造等作用，推动创造精神、奋斗精神、梦想精神和团结精神在思想政治理论课教学中的实际运用，凸显"思政课程"的显性功能，发挥思想政治理论课的价值引领与思想引领作用，帮助大学生真正领会优秀传统文化的核心精神实质。

另外，高校应该加强建设与优秀传统文化有关的更多通用课程，为学生提供更加丰富、更加多元的学习资源。习近平总书记强调，要充分利用好课堂这一主渠道，改进思想政治理论课的教学过程，加强多学科课程与思想政治理论课的融合发展，创设"大思政"课程体系，强化协同效应。

所以，要想更好地融入传统文化，有必要充分利用其他学科课程的教育价值，充分落实课程思政理念。通过家庭教育与学校教育双向结合、知识教育与体验教育充分联合、传统课堂教育与线上课堂教育交相混合、政府倡导学习与民间自发传承相互配合等多种形式，积极弘扬传统文化，推进"课程思政"与"思政课程"协同发展新格局的形成。

（八）完善传统文化融入高校思想政治教育的保障体系

1.转变高校育人理念，建立完善组织保障

面对新的世界形势，运用中国优秀传统文化丰富高校思想政治教育内容的趋势不可避免。传统文化进校园的意识需要全社会成员的认可，更需要党和政府的正确领导，在党和政府的正确领导下各高校也应建立一套相应的教育制度，以达到思想政治教育的最终目的。

转变高校教育理念，改变以往重科技、轻人文的教育理念，既注重学生的专业能力和素质又注重学生的内在道德品质，培养符合社会主义现实要求的合格接班人。高校在双重的教育理念下要形成合理配套的教育制度和组织制度，以弘扬中国优秀传统文化为目标，进一步改进工作机制体制，建立完善的组织保障。

首先，高校应设立传统文化教育工作委员会，全面负责高校传统文化的教育，工作委员会的组成人员既要有高校党组织中的成员、具有较高传统文化素养的教师，还要有编外的学生成员，同时积极听取各方面的意见建议，把控传统文化教育的方向。其次，除了工作委员会的领导小组之外，高校各部门都要积极配合。传统文化的教育不是单打独斗，需要教学部门设置合理课程，需要行政人员配合细节，教学部门统筹安排传统文化教育的具体实施。只有各部门承担起相应的责任，优秀传统文化融入高校思想政治教育的目标才能顺利达成。

此外，各高校应建立一套针对传统文化教育的教学评价机制，不仅要对教师的教学能力、水平进行考核，更要建立教师传统文化的培养系统，通过系统培养提高教师的传统文化素养。同时在对学生的教学考核中也要增加对于传统文化、道德素质的考核，在此考核机制下培养大学生的文化素养，塑造学生的健全人格。

2. 增加育人经费投入，改善育人软硬件条件

要实现传统文化融入高校思想政治教育的目标，必要的物质保证尤为重要。建设中国优秀传统文化的教育体系需要各高校不断投入其发展所需的人力、物力和财力，不断完善传统文化教育融入高校思想政治教育中的软硬条件。对于硬件设施来讲，虽然传统文化的课堂不像理工科那样需要大量的仪器设备，但是相应的教育设备也要跟上时代的步伐，不是提供一个上课的房间就足够了，如教室中宣传传统文化教育的标志、格言，优秀传统文化作品的展示，等等。传统文化的授课要打破以往传统模式的教师主导的授课方式，使学生都参与到教学中，这就不可避免地需要一定的硬件设施支持。同时校园内传统文化景观的设置、摆放都需要大量的资金投入。如果说硬件设施是传统文化教育开展的设备基础，那软件条件就是传统文化教育能否顺利发展的基础。随着时代的变化，要想将传统文化合理地衔接到高校思想政治教育中，需要大量高素质的教育工作人员，而对教育

队伍传统文化素养的培养、高校传统文化学风学气的建设不是一蹴而就的，这些软件的建设也需要大量的实施经费作为发展基础。

传统文化融入高校思想政治教育不可能在短时期内看到效果，传统文化对一个人的成长所发挥的作用是长期的，不是暂时的，这就表明高校对传统文化教育各方面的投入将是一个漫长的过程，在这一过程中如果有半分的懈怠，对学生、对社会甚至对国家都会造成不好的影响。

尽管如此，我们仍然可以看到传统文化教育对个人品格的塑造、国家人才的培养具有极大作用，虽然时间可能很长，但效果值得期待。所以无论是从经济角度还是从社会角度，都应受到教育者的重视，以实际行动完善高校育人的软硬件。

第七章　高校思想政治教育队伍的建设问题

高校思想政治教育队伍是高校进行先进理念传播的关键力量。教育队伍的素质、理念和态度与学生思想政治教育的成效和人才培养的质量直接相关。高校要对思想政治队伍的建设予以高度重视，并为思想政治教育工作人员的未来发展提供生涯规划。本章主要内容包括：高校思想政治教育队伍的构成、高校思想政治教育队伍建设的现状以及高校思想政治教育队伍建设的实施。

第一节　高校思想政治教育队伍的构成

一、人员结构

（一）专职人员

专职人员主要包括学校分管学生思想政治教育工作的党委副书记，专职的思想政治理论课教师和哲学社会科学课教师，学生工作部（处）从事学生思想政治教育工作的人员，学校团委干部，院（系）党委负责学生思想政治教育工作的副书记、分团委书记（团总支书记），学生政治辅导员等。尽管他们人数不多，却是高校思想政治教育的中坚力量，在教育活动中起着主要的作用，决定着整个高校思想政治教育队伍功能的强弱。搞好这支专职队伍的建设，是加强高校思想政治教育的关键。高校思想政治教育是一项科学性、实践性很强的工作。要搞好这项工作，必须按照中央有关文件的要求，建设好专职队伍，使这支队伍具有良好的理论修养和专业素质，具备高校思想政治教育专业知识和相关学科知识，较强的工作能力和研究能力，注重这支队伍的专业化和职业化发展，使越来越多的专职人员成为高校思想政治教育的专家。

（二）兼职人员

兼职人员主要是指那些既担负着其他业务工作，又担负着高校思想政治教育任务的人员。其有狭义和广义之分。

1. 狭义的兼职人员

作为狭义的兼职人员，主要包括思想政治理论课兼职教师、兼职辅导员、兼职学生班主任和学生助管等。尽管他们只是用部分精力和时间来从事高校思想政治教育工作，但他们是这支队伍的重要力量。

2. 广义的兼职人员

作为广义的兼职人员，包括专职高校思想政治教育人员之外的大学其他人员和社会上与高校思想政治教育有关的人员。由于高校思想政治教育是一项与业务工作紧密结合的群众性工作，所以，应把教书育人、管理育人、服务育人的全员育人理念和原则贯彻落实到高校思想政治教育队伍的建设中去。这样既有利于调动广大教职工和学校各个职能部门来关心和参与高校思想政治教育工作，也有利于高校思想政治教育与业务工作相结合。

另外，由于高校思想政治教育是社会性很强的工作，除了发挥本校教育力量的作用之外，还应发挥社会各条战线、各个部门的教育力量，特别是新闻出版、影视部门的力量。高校可以有目的有计划地聘请一批校外人员来做高校思想政治教育工作，使他们成为兼职队伍的一部分。实际上，已经有不少大学这样做了，并且取得了良好的教育效果。社区的优秀退休人员也可以成为高校思想政治教育的力量；各地的爱国主义教育基地、革命历史纪念馆等都能起到教育的作用。因此，从广义上理解，兼职人员具有广泛的社会性。高校思想政治教育要依靠大家来做，全社会都应关心高校思想政治教育工作。

高校思想政治教育队伍的人员结构的基本要求是：以专为主，专兼结合，功能互补。

二、知识能力结构

（一）知识结构

一般而言，高校思想政治教育工作者都应具备完善的知识结构，要有扎实的马克思主义理论知识、高校思想政治教育的专门知识和相关学科的知识等。根据不同大学的性质和情况以及不同专业学生的情况，高校思想政治教育队伍的成员还应有各自不同的知识构成。

例如，法学类专业的大学生辅导员与文学类专业的大学生辅导员相比较，前者应当比后者具有较多的法学知识，而后者就应该比前者具有较多的文学知识。

在一支具体的高校思想政治教育队伍中，各成员的知识结构是有所不同的。对队伍成员应有共性的知识结构要求，也应鼓励成员之间围绕工作的需要具备知识结构的个性和知识专长，以形成队伍内部成员之间的知识互补。

（二）能力结构

知识和能力是紧密相关的。知识是能力形成和发展的前提和基础，能力是在掌握和运用知识的过程中产生和发展起来的。如果没有相应的知识，高校思想政治教育工作者的能力就不能得以形成和发展。实践证明，知识的多寡、深厚和完善程度影响高校思想政治教育工作者能力活动的广度、深度以及分析问题和解决问题水平的高度。高校思想政治教育工作者的能力只有在学习和运用相关知识的过程中才能得以形成，只有随着相关知识的获取和运用，才能促使其能力不断提高。除此之外，高校思想政治教育工作者的能力又是获取、运用和创造相关知识的前提。能力的大小强弱，通常会制约高校思想政治教育工作者掌握相关知识的深浅、快慢、难易和巩固程度，制约着相关知识的运用和创造。

所以，知识与能力并不等同，知识不等于能力，能力也不等于知识，知识多的人并不等于能力强。学到了知识，并不等于具备了应用这些知识的能力。知识，只有经过理解、融会贯通、联系实际运用，才能促进能力的发展和提高。好的知识结构可以形成和发展好的能力结构，但好的知识结构并不一定会有好的能力结构。所以，高校思想政治教育队伍不仅要有好的知识结构，还应当具备好的能力结构，主要包括高校思想政治教育信息的整体获取能力，高校思想政治教育信息的整体分析能力，高校思想政治教育整体预测与决策能力、组织与实施能力、宣传能力、组织协调能力、创新能力、运用现代化教育手段的能力、科研能力，等等。

队伍的知识能力结构与队伍的学历层次结构有密切联系。高校思想政治教育队伍应由多层次学历结构的人员组成。学校类别不同，这支队伍的学历结构可以有所不同。例如，高职类大学与"985工程"类大学，前者队伍的学历结构可以低一些，后者可以适当高一些。一所大学的思想政治教育队伍的学历结构是以本科学历为主还是以硕士学历为主，应视这所学校的具体情况而定，不能一概而论。一般而言，层次高的大学，其思想政治教育队伍的学历结构层次相应要高一些。

三、年龄性别结构

年龄性别结构指年龄结构与性别结构。高校思想政治教育队伍的年龄结构是指高校思想政治教育队伍中不同年龄段成员所占的比例。年龄能够折射出一个人知识、经验的多少和能力的强弱。通常，年龄的增加能给人带来能力的增长与经验的积淀。一支年龄结构合理的高校思想政治教育队伍，应由不同年龄阶段的成员按一定比例组合而成。高校思想政治理论课教师队伍和辅导员队伍是高校专职思想政治教育队伍的重要组成部分。一般而言，高校思想政治教育队伍应由老中青三部分组成，但"老"和"中"在这两支队伍中的含义是不同的。由于这两支队伍所承担的教育任务性质的不同，其年龄结构要求也应有所不同。前者承担的是思想政治理论课的教学任务，队伍成员年龄的上限是正常退休年龄，其"老"和"中"年龄与其他教师是一个意思。后者承担的是大学生日常的思想政治教育与管理，由于其工作的特殊性，年龄一般在20多岁到40多岁，以20多岁到30多岁者居多，而且，40多岁的就为"老"，30多岁的就为"中"。由于老中青人员在队伍中的比例不同，高校思想政治教育队伍的年龄结构一般有3种模式。

第一种是正三角形模式，即青年人多于中年人，中年人多于老年人。这种结构既有利于发挥老中青各自的优势和作用，也有利于不断地培养接班人。由于这种结构模式在现实工作中效率高，又有助于队伍的正常发展，所以称它为前进型。

第二种是橄榄型模式，即两头小、中间大。这种年龄结构因"中间大"而有利于眼前工作的开展，因青年人少而不利于队伍未来的发展，因此这种年龄结构模式又称为静止型。

第三种是倒三角形模式，即老年人多于中年人，中年人多于青年人。这种结构的问题比较多：一是因老年人太多，难以胜任繁重的工作，且容易因循守旧，排斥创新；二是青年人太少，会使队伍缺乏生气和开拓精神；三是不利于接班人的培养。故这种模式又叫衰退型。在高校思想政治教育队伍的建设中，所需要的是前进型，要避免的和要改造的是静止型、衰退型。

高校思想政治教育队伍建设除了要有合理的年龄结构，还应有合理的性别结构。大学生中有男有女，有些工作比较适合女成员做，有些工作则比较适合男成员做，因此，队伍中男女成员都应占有一定的比例。如果性别构成单一，不利于在性别上发挥互补效应。一般而言，男大学生多的学校，队伍中男性成员的比例就应大一些；女大学生多的学校，队伍中女性成员的比例就应大一些。

第二节　高校思想政治教育队伍建设的现状

一、高校思想政治教育队伍建设取得的成绩

重视对大学生政治法律和思想道德素质的培养，一直是党和政府的办学传

统,并在不同阶段出台了不少相关规定。以这些规定为指导,各高校也做了不少工作,尤其是自 2004 年中央 16 号文件发布以来,大学生思想政治教育工作取得了较大进展。由谁去教育、由什么样的人去教育、自然也是党和政府及各高校关注的焦点之一。多年来,高校在思想政治教育队伍的结构、管理水平、制度建设和教育者自身素质的提高等方面取得了不少成绩,积累了不少经验,从而为下一步的工作奠定了一定的基础。

(一)队伍结构日渐优化

在新中国成立之初,高校对大学生进行思想政治教育主要依靠高校共青团组织、专职辅导员(含政治教育直接主管领导,如政治处主任和副主任等政工干部)和思想政治理论课教师进行,高校思想政治教育队伍体系已经基本建立,队伍结构也初步确定。1980 年的《关于加强高等学校学生思想政治工作的意见》中除保留了原有的人员配备外,又强调业务课教师和各科骨干教师兼职政工干部的作用。在 1984 的《关于加强高等学校思想政治工作队伍建设的意见》中特别强调了大学生思想政治教育队伍的专职和兼职构成,规定专职人员由党、政、工、团各系统所必需的专职人员组成;兼职人员由一些教师、高年级大学生、研究生构成,思想政治理论课教师和其他业务课教师则没有直接规定在内。而后 10 多年间,中央有关部门又连续下发了多个与大学生思想政治教育队伍建设相关的文件,进一步推进了大学生思想政治教育队伍的建设。以这些指导性文件为依据,我国高校思想政治教育队伍的结构日渐合理化。一是人员范围日渐扩大,更加反映了全员育人的原则;二是由原来的专兼结合逐步过渡到专职人员越来越多,兼职人员越来越少的阶段,职业化趋势越来越明显;三是专职人员的学历水平越来越高,专业和政治面貌要求越来越具有针对性,专业化趋势越来越明显。这一点在思想政治理论课教师队伍中更是明显。

(二)队伍整体素质有所提高

经过主管部门对从业人员的选配、培训和考核等环节的严格规范管理,提高了准入门槛,杜绝了不合格的人进入这支队伍;同时在岗期间,学校对从业人员的培训力度也在加大。这样一来,当前思想政治教育队伍的素质整体上得到了明显的提高。从政治素质上来说,绝大部分人做到了真正从内心信仰马克思主义、共产主义,绝大部分能自觉地践行社会主义核心价值观,认同社会主义核心价值体系,政治立场坚定,职业道德水平高;从专业素质来看,经过严格选配与培训及自我学习,大多数人已经具备了从事高校思想政治教育的理论基础和专业知识、人际沟通、组织协调和辩证分析能力都有加强，尤其是对网络时代和文化多元化背景下的高校思想政治教育规律有了更清晰的认识。

（三）队伍管理的长效体制机制稳步推进

经过几十年的教育与发展，从中央到地方再到高校，为了提高大学生思想政治教育工作效率，都加强和优化了对高校思想政治教育队伍的管理。从顶层设计来看，如前所述，党和政府根据具体情况，制定出台了大量的规定，为高校思想政治教育队伍的建设提供了相当多的政策和法规依据，也为各高校这方面的工作提供了指导。出台的政策和法规从大学生思想政治教育队伍的地位、职责、素质要求、结构、管理和制度建设等方面就加强和推进当前高校思想政治队伍建设做了大量具体的规定和规划。不仅如此，中共中央还为高校思想政治教育队伍的建设提供了许多平台和机会，如每年教育部都会组织辅导员和思想政治理论课教师骨干进行培训等。

从政策和规定来看，各高校结合自身的办学性质、师资力量和学科学位点的建设情况，形成了许多具体的制度和机制，建立了具体的思想政治教育队伍的配备与选聘、培养与发展、管理与考核以及奖励等制度。如专职辅导员的选配采取公开招聘，笔试和面试相结合竞争上岗的形式已经成为各高校常态性程序；又如，教育部和各级地方主管部门每年组织各高校辅导员和思想政治理论课教师及其他哲学社会科学教师进行集中培训也已经成为常态；再如，不少高校评职称时，已经将公共必修课与专业课分开评比，从而为稳定思想政治理论课教师队伍提供了条件。至此，常态化的思想政治教育队伍的选配、培训、考核、管理等长效管理机制基本形成。

二、高校思想政治教育队伍建设存在的问题

（一）心理健康教育队伍建设比例失调

近年来，尽管在一定程度上改善了心理健康教育队伍师资状况，但相比于当前高校的办学规模，依然有师生比例不协调、教师编制紧张、整体经费投入不足、专业素质明显滞后等问题存在。频繁发生大学生自杀、犯罪事件，引发社会对大学生心理健康问题的思考。当前大学生以独生子女居多，他们心理素质脆弱、社会适应能力差、抗挫折能力低，在遭受挫折与失败时，往往缺乏克服困难的勇气与决心，在一定程度上导致大学生心理问题的增多，给学校心理健康教育带来巨大的压力。

在现实中，高校不够重视心理教师专职队伍的建设，大部分高校并未建立一支专兼职相结合的心理健康教育队伍。由于缺少专业教师，大多由兼职教师代理执行心理咨询工作，他们的知识、专业技能达不到应用水平，不了解新一代大学生的心理发展规律，缺乏解决学生心理问题的实践经验，不能实际解决学生出现的心理问题。由于高校心理健康教育队伍人员的"缺位"，必然造成思想教育工作内容上的"缺失"。

（二）党团组织队伍未能充分发挥作用

高校党团组织是高校思想政治教育的领导力量和组织保证，然而，在实际工作中其作用未能充分得到发挥，影响高校思想政治教育实效性的实现。由于部分教师对高校团组织建设在高校思想政治教育的优势认识不足，导致在开展实际活动的过程中，思想政治教育思想并未贯穿到社团活动中去。这些都是影响党团组织发挥作用的重要因素。

（三）全员育人机制和承载任务不协调

在高校思想政治教育队伍建设中，全员育人结构必须要健全并且与承载任务协调配合才能取得思想政治教育工作的实效性。而在实际工作中，高校并未将全员育人机制贯彻到日常工作中去，造成高校对全体学生进行思想政治教育时，帮助其树立正确的世界观、人生观、价值观的重要任务在一定程度未能合格完成。高校针对思想政治教学科研不够重视，党政关系的信息不够透明，缺乏相互交流和协作机制，这些因素导致学生"成人"与"成才"的脱节，在很大程度上影响了高校思想政治教育的发展。

（四）思想政治教育专职教师整体素质不均衡

一是高校专职思想政治教育教师普遍缺乏，师生比例严重不足；二是专职教师的专业能力水平不足，教师普遍年轻化，教学经验缺乏，教学方法单一，讲授内容易脱离大学生的思想现实，很难引起共鸣。这些问题都会很大程度地影响高校思想政治教育专职老师队伍建设的发展。

（五）辅导员的思想政治教育专业素质有待提高

高校辅导员是开展高校思想政治教育的骨干力量，是高校思想政治教育和管理工作的组织者、实施者和指导者。他们担负着为学生进行心理问题疏导、思想政治教育内容宣传、帮助学生进行自我职业规划等多方面的职责。而大多数辅导员也都是刚刚迈出校门，在年龄、学历、经验、实践等方面都与高校的需要不相适应。他们不仅缺乏教育学、心理学、思想政治教育理论专业知识，且在职培训不够，所以，很难帮助学生解决思想政治教育工作中出现的问题。

在实际工作中，由于工作任务繁多、高校分工不合理等因素，常常在承担本职工作的同时，还要负担许多额外工作，甚至大大超过工作时限。这些现状都造成了高校辅导员没有过多的时间对学生思想、心理等方面的发展变化予以更多的关注，一定程度上的"深度辅导"也只是流于形式。这些都是目前高校辅导员队伍面临的具体问题。

三、高校思想政治教育队伍建设的问题归因

（一）对高校思想政治教育认识不到位

高校对自身承担的"培养德智体美劳全面发展的社会主义事业建设者和接班人"重大任务的认识是到位的，在"坚持正确的政治方向"方面自身建设也是到位的。但是对于学生的思想政治教育工作，还没有放到极端重要的位置上，体现在对思想政治教育队伍的建设上，不能教书的安排到辅导员队伍，教学不佳的安排上思想政治理论课，把思想政治教育队伍当作"杂货店"，导致高校思想政治教育队伍是"杂牌军"的不良印象。

（二）高校思想政治教育机制不完善

在教学管理上，往往把思想政治理论课按照一般的课程来对待，有的甚至将思想政治理论课简单等同于哲学、形势教育等课程，在教学检查、课堂检查、学期考核上没有按照思想政治理论课的特点来进行；在教学研究上，对党和国家关于思想政治教育的最新精神学习领会不够到位，在教学改革、课程建设上缺乏深入研究，投入的师资力量、经费等与其他学科相比明显不足；在教学方式上，对思想政治理论课作为一门思想性、政治性、知识性都很强的综合性课程的准备不足，教学手段和方法比较单一，对党的最新理论成果领会不够到位，课程素材不够鲜活、生动，等等。

（三）高校思想政治教育队伍建设不到位

高校思想政治教育队伍作为立德的主力军，理应当作一支重要的、专门队伍来建设。但在实际工作中，入口不规范、结构不合理、素质不专业、交流不完善的情况大量存在，科研能力低下、理论实际严重脱节的情况不同程度地存在，"3+1"层次间整合力度不够，分工不合理，互补性不强，同时还存在考核机制不健全等问题，致使队伍建设缺乏活力。

第三节　高校思想政治教育队伍建设的实施

一、加强思想政治教育队伍建设的重要性

（一）提高思想政治理论课教学质量的关键

我国高等教育已进入大众化阶段，高等教育的发展重点将会是提高教育教学质量，而教育教学质量的提高涉及高校办学的方方面面，最终体现在人才培养、科学研究、社会服务质量的提高上。落实高校的改革措施，最终的承担者和执行者就是"高校教师"，思想政治理论课教学质量的高低也在一定程度上取决于这支教师队伍的质量。

所以，加强高校思想政治理论课教师队伍建设是提高思想政治理论课教育教学质量的根本推动力，关系到思想政治教育育人的根本任务。加强思想政治理论课教师队伍建设，提高思想政治理论课教师队伍质量水平是提高思想政治理论课教学质量的关键所在。

（二）确保学生身心健康发展的重要支持

如今，信息技术高度发达，学生获取信息资源的渠道更加丰富，然而，多元化的信息充斥着大量的虚假成分。大学生尚不具备完全成熟的心智，容易受这些虚假信息影响，易偏离正确的世界观、人生观、价值观的形成轨道，所以思想政治教育工作者不仅肩负传授知识的使命，更肩负着立德树人的重要使命，加强思想政治教育队伍建设，让思想政治理论课教育教师队伍通过正确的思想引导帮助学生塑造完备的"三观"与思想道德修养。

（三）发展中国特色社会主义教育的重要保障

高校担当着科学研究、人才培养、文化传承与服务社会的基本职能。作为意识形态工作的前沿阵地，高校必须高举马克思主义旗帜，以习近平新时代中国特色社会主义思想为指导，如何培养造就中国特色社会主义事业合格建设者和可靠接班人，高校思想政治教育队伍任重而道远。特别是，思想政治教育队伍具有的综合理论素养、专业基本功和创新教育教学方法等，影响着每一位学生在思想教育方面的问题，直接关系受教育者能否真正地将党的路线、方针、政策融入日常生活中，真正做到将科学的思想传播出去，做道德理念的实践者。因此，不断提

高教育工作者的思想建设是对学生以及学校教育工作的重要肯定，也是发展社会主义教育的关键。

二、高校思想政治教育队伍建设策略

（一）提升思想政治素质，加强师德师风建设

高校思想政治教育队伍需要在新时代的引领下不断地提升自身的专业性和先进性。在对中共中央国务院最新出台的政策熟知的同时，将其渗透到对学生的思想政治教育中，从而及时帮助高校学生在面对复杂的文化冲击和多元化的经济发展背景下也能保证世界观、人生观和价值观的正确。高校思想政治教育工作者作为引导学生树立正确思维意识的重要引路人，更要为学生树立榜样，应深刻意识到高校思想政治教育队伍建设的重要性，通过调动自身的主观能动性发挥出思想政治教育的最大价值。高校思想政治理论课教师应时刻关注当前国家发布的最新政策文件，能够达到对时事政治的了解，从而保证思想政治的先进性和独立性。通过观看时事新闻来丰富自己的思维，意识到高校建设思想政治队伍的重要性，通过转变对自身以往错误的认识观念，也能提升自身的工作责任意识和使命感，对这一份工作感到自豪，从而对高校思想政治教育的建设贡献自己的一份力量。与此同时，高校党委应加强对高校思想政治教育的重视程度，积极提升高校师生的思想道德认知水平，从而在高校中形成一种良好的思想政治道德氛围。

1.加强高校思想政治教育队伍党支部和党员队伍建设

高校思想政治教育队伍的发展和成熟需要大量的党员来提升整个教师队伍的先进性和专业性，促使整个教育队伍的建设更加高效，也更能符合新时代对高校思想政治教育队伍的要求。

第一，高校管理者需要注重党员的培养，积极强化高校党员队伍源头建设，树立并营造出良好的党组织和广大党员的形象，特别是对一些道德品质较高的优秀中年骨干教师，学校管理者更需要激发这些教师的热情，带领中年骨干教师向党组织靠拢，通过党课、培训等方式来不断强化教师的爱党敬党意识。

第二，高校思想政治教育队伍中还要吸收更多青年来增添整个队伍的活力，高校管理者需要考察现有的青年教师中是否有品德高尚且爱党爱国积极向党组织靠拢的优秀青年教师，将这些具有发展空间的年轻教师引入高校思想政治教育队伍中，从而加速思想政治教育党支部队伍的壮大。辅导员群体由于工作性质的特殊性，均是党员身份，针对党员要建成保持党员先进性的长效教育机制。

第三，提升当前高校思想政治教育队伍党支部工作的规范化水平，严格落实好党员发展的各项工作流程，做到把好入口关，扎实开展好"三会一课"，充分利用好互联网平台，与时俱进地打造出一批有特色的党建活动，保持党员先进性。党员作为整个教育队伍中的思想先进分子，也需要进行更加规范的工作，高校需要建立健全党委统一领导的相关机制，还要推广发展党员公示制来规范党支部队伍的发展水平。

2. 提高高校思想政治教育队伍的思想政治素质

高校思想政治教育队伍的建设帮助高校师生树立正确的世界观、人生观和价值观，防止西方意识形态在高校学生中的渗透，其肩负的重任是不可小觑的，教育队伍的成员首先需要保持正确、先进、高尚的思想政治意识才能更好地引领学生形成符合新时代发展的思维逻辑。因此，提高高校思想政治教育队伍的思想政治素质势在必行。要着重培养以下素质：一是强烈的政治责任感，要有奉献精神，全心全意培养教育学生，将思想政治教育育人工作视为神圣使命去开展。二是正确的政治认知，对马克思主义政治理论的掌握要扎实过硬，熟悉了解当下国家的政治制度及相关政策。三是坚定的政治态度，要具备敏锐的政治洞察力和鉴别力，遵守政治纪律，在大是大非面前保持正确清晰的政治立场以及坚定鲜明的政治观点。

高校管理者需要了解队伍组成人员的心理动态，定期对高校思想政治教育队伍展开思想政治培训，促使其队伍的组成人员能够时刻保持先进的思想政治意识。除此之外，还要帮助队伍的组成人员转变以往对教育工作不端正的思想，通过建立健全监督机制或是考核来检验日常思想政治教育队伍成员的实际表现，从而达到提升高校思想政治教育队伍思想政治素质的最大目的。

3. 弘扬高校思想政治教育队伍的高尚师德

高校思想政治教育队伍需要肩负起整个高校学生思想道德培养的使命，作为高校教师队伍中的重要组成部分，其思想政治教育队伍同样需要发挥其高尚的师德。对此，高校应着重开展思想政治教育中的职业理想教育，培养正确的思想政治教育工作态度，与时俱进，不断调整教育理念。高校思想政治教育工作者应积极融入高校学生团体，通过良好的心态以及端正的教育态度来帮助学生缓解心理压力，扭转错误的思维意识。

因此，高校思想政治教育队伍的组成人员需要在日常工作中增加与学生的相处时间，增加与学生的接触机会。思想政治理论课的教师可以利用课前时间与学生群体交谈，了解其思想状况、心理动态，通过亲切的语言和关怀的口吻来拉近与学生的距离，与学生交朋友。辅导员则可以在学生日常生活中做到"学生事、无小事"，用工作中的真诚付出感染学生，从而充分弘扬其高尚的师德。

（二）建立并完善思想政治教育队伍的长效机制

1.完善队伍选任机制

高校思想政治教育工作者的素质如何，与其原有的教育背景、从业经历等直接相关。把好队伍的"入口关"，是管理者和职能部门首先应该考虑的问题。只有建立和完善选任机制，形成公开、公正、科学、有序的从业人员选聘程序和方式，才能将真正符合条件的人才吸引进思想政治教育队伍。

（1）明确选任标准

针对新形势下高校思想政治教育工作的新发展，高校在制定思想政治教育工作者选任标准时，不仅要考虑通用的年龄、政治面貌、职称、性别等因素，而且还要考虑德才兼备、以德为先的原则。对于思想政治教育工作者而言，"德"不仅指高尚的教师职业道德，勇于奉献、甘为人梯等道德风尚，还指坚定的马克思主义信仰、强大的中国特色社会主义道路自信、理论自信、制度自信、文化自信以及远大的理想信念；"才"则指从事大学生思想政治教育工作必需的专业技能。

就"才"来讲，根据当前高校思想政治教育工作的实际情况，主要指队伍的专业化。此处的专业化主要是针对由思想政治理论课教师队伍和辅导员队伍组成的专职队伍而言。所以，在对这两部分人的选任标准进行制定时，必须要尽量考虑其专业化要求。对于高校思想政治教育队伍建设而言，高校管理者和决策者需要在选任、考核、薪酬待遇、级别晋升、专业组织等全程各环节都付出相当的努力以实现队伍的专业化要求。而在选任环节，高校则主要应在职业资格和教育背景等方面来突出其专业化。高校思想政治教育工作直接的从业人员必须具备较强的马克思主义、毛泽东思想和中国特色社会主义理论知识，必须通晓大学生的身心发展规律和思想政治教育规律。目前，高校在岗从事思想政治理论课的教师绝大多数都已经具备相应的执业资格和专业教育背景。今后，各高校在新进思想政治理论课教师时，充分考虑其教育背景和相关行业经验已经是一般性共识了。

与思想政治理论课教师队伍相比，专职辅导员队伍的专业化要求在选任环节的阻力比较大，兼职辅导员的选聘难度就更大了。不少高校在组织辅导员招聘时，对是否具有思想政治教育相关专业知识考虑不多，多是考虑其政治面貌、学历、年龄、性别。

今后高校在确立选任标准时，应着重考虑从业人员的专业背景，尽可能地创造条件，减少非常规因素对选任机制的影响，实现队伍的专业化。也有一些学者建议选任高校辅导员时要建立辅导员资格认证制度，将是否具有辅导员资格证作为选任辅导员的基本要件。

就目前的条件而言，为了保证辅导员队伍的整体素质，建议实施辅导员资格认证制度，尽管其出发点是好的，但尚不现实，也没有必要。因为从目前的教师资格证获取方法和程序而言，其内容或标准已经基本涵盖了对辅导员的要求。正如高校思想政治理论课教师仅仅凭高校教师资格证就可上岗，高校辅导员凭高校教师资格证也可作为资格认证的要件之一，除了资格认证外，就该考虑上述实质性要件了。

（2）完善选任程序

为了保证思想政治教育队伍的整体素质，保证选任人员真正符合既定标准，能否实现公开、平等、竞争、择优要求非常关键。对于高校思想政治理论课和其他哲学社会科学专任教师，只要他们符合相应的学历、专业、职称和年龄标准，就可采取自荐与学校选拔相结合的方式择优录用。对于有自主人事权的本科高校，对应聘人员可采取公开发布招聘信息，并预告设定比例，然后公开试讲和面试，以公开评议的方式择优录用；而对于没有自主人事权的高校，这部分人的选聘可参照公务员招聘的方式，纳入当年的事业单位考试，经过向社会公开招聘信息、笔试和面试环节，再择优录用。对于专职辅导员，为了保证公开、平等、竞争、择优的原则，高校也可参照公务员录用考试的程序和方法，在平面媒体或网站公开单位用人信息，预先设定岗位招考比例，然后再组织笔试和面试，防止选任的随意性。在选任过程中，高校要组建好专家、分门别类、科学合理地确定拟选拔职务的报考资格、选拔程序、笔试、面试内容、测评方法，力求做到公开、公正、平等、择优。同时，对于选任过程，还要建立健全自上而下、自下而上的监督体系，全面实行层级监督。

2. 建立完善考核机制

（1）规范高校思想政治教育队伍考核的相关程序

考核程序是指考核方进行考核时采取的步骤及具体的操作要求。要想真实客观地反映出思想政治教育队伍的各方面表现，考核的程序是其制度保障。它主要包括考核准备、考核启动、考核结果分析与确定、反馈和考核结果运用等几个环节。考核准备环节应该包括成立考核小组，制定明确考核任务和考核内容，重点确定考核程序、考核步骤以及相关注意事项，并在高校内部 OA 系统（办公自动化系统）和各二级单位发布消息，要求考核对象和所在单位做好准备，并组织有关小组成员及各二级单位相关人员集中培训相关知识和要求。为了表示重视，并严格考核，建议高校至少要安排学校党委副书记担任考核领导小组组长。考核启动环节要完成教育者个人述职和考核小组实地了解考核对象综合情况等事项。在实地考核时，考核小组人员要深入各被考核人员单位了解考核对象的综合表现，同时还要随机抽取部分学生代表了解情况。这是考核工作的核心环节，其工作的好坏直接影响考核结果，主要任务是准确地把握考核思想政治教育者的全面情况，形成初步的印象和概念，为综合评价鉴定做好准备。考核结果分析与确定、反馈环节主要是按照提前公布的标准，对考核对象的个人述职材料及考核小组实地了解的材料进行综合整理，做出分析、判断、综合和研究，并以上述分析为基础，按照既定要求对思想政治教育工作者做出结论，形成书面考核材料并交学校人事部门存档，同时委托考核对象所在单位党委（总支）及时将考核结果告知考核对象。考核结果运用环节，即高校思想政治教育工作者相关的管理部门依据事先制定的标准，将考核情况作为思想政治教育工作者的职务晋升、评优或行政处分等的依据。在诸多环节中，核心环节是考核启动、考核结果分析与确定环节。

（2）确定并完善考核方法

考核方法是为获得对思想政治教育工作者的正确认识和评价，在考核活动中所采取的手段和工具。为了实现对思想政治教育工作者综合表现的准确的客观评价，也为了公平对待每一位教育者，高校应该在遵循上级规定的基础上，根据自己学校的特点，确定和完善考核方法。不论何种考核方法，都要坚持民主化、科学化、制度化，实现对考核对象综合表现"定量"与"定性"相结合。定量方面应该主要考虑那些刚性的东西，如所带班级和学生人数，获得的各级奖励，参加各种活动的出勤情况以及学历和资格证书等；而定性则主要考虑思想政治教育工作者的政治法律素质和思想道德素质，工作能力、态度、作风及工作实效等。这部分属于软件范围，无法用准确的数量来衡量。对于思想政治教育工作来说，定性分析比定量分析更为重要，也更为全面。但正因为定性无法准确量化，所以操作具有难度，需要管理者和职能部门根据自己学校的实际情况确定考核方法。

3. 健全队伍保障机制

高校思想政治教育队伍的建设需要内部组成人员思想意识的先进正确以及专

业能力的达标，同时更离不开高校有关部门对队伍建设提供的完善保证机制，为思想政治教育工作者的发展晋升保驾护航，解决后顾之忧。因此，高校管理者需要树立正确的意识观念，正视高校思想政治教育工作者对工作的付出和努力以及贡献的价值，如提升高校思想政治教育队伍成员的基本工资，对思想政治理论课教师转变以往与其他专业课教师一样的课时计费待遇，并适当增加课时费；注重团队成员的教学效果，按照教学效果以及为学校贡献的价值来计费，尊重教师在精神方面的付出，并以薪资待遇体现出来；对于辅导员，适度考虑辅导员利用非工作时间开展活动、处理学生紧急事件的情况，予以加班补助，优化其工作环境，利用网络和其他高科技手段减少辅导员的工作量，创造较为宽松的工作环境。与此同时，还要对现有的高校思想政治教育队伍的成员进行职业生涯规划，结合成员的性格特点、工作能力以及对未来的期望来制定具有可行性的规划，与成员共同完善生涯规划内容，提供较为完善的分流机制，让高校思想政治教育队伍的成员能够意识到这份工作的前景以及未来客观的发展方向，也能提升自身的工作效率。另外，高校思想政治教育队伍建设的相关负责人需要进一步明确高校思想政治教育队伍成员的社会地位以及在高校中的地位，改变以往思想政治理论课教师以及辅导员不受重视的局面，通过网络新媒体平台和召开全校座谈会等方式来让全校师生认识到高校思想政治教育队伍在学校中的地位，从而让思想政治教育队伍的组成人员提升自己对于工作的使命感和自豪感。

参考文献

[1] 臧宏玲. 高校思想政治教育前沿问题研究［M］. 长春：吉林人民出版社，2017.

[2] 陈建，谢亚蓉，唐雪梅. 思想政治教育与创新创业［M］. 长春：吉林人民出版社，2017.

[3] 温浩，黄志达. 当代大学生思想政治教育［M］. 长春：东北师范大学出版社，2017.

[4] 付鑫，张亮. 大学生思想政治教育［M］. 成都：电子科技大学出版社，2017.

[5] 范翠莲，李春风，边黎明. 思想政治教育与实践［M］. 北京：九州出版社，2017.

[6] 张可辉，栾忠恒. 新媒体视域下大学生思想政治教育研究［M］. 北京：中国商务出版社，2018.

[7] 杨广平. 网络文化与思想政治教育［M］. 徐州：中国矿业大学出版社，2017.

[8] 韩伟. 人文关怀：思想政治教育之魂［M］. 北京：光明日报出版社，2017.

[9] 郭同峰. 网络时代思想政治教育研究［M］. 北京：九州出版社，2017.

[10] 张世欣. 思想政治教育的人学解读［M］. 杭州：浙江大学出版社，2018.

[11] 高姗姗. 高校思想政治教育与文化融合研究［M］. 石家庄：河北人民出版社，2018.

[12] 范春婷. 高校思想政治教育专业政策研究［M］. 北京：新华出版社，2018.

[13] 程卫国. 思想政治教育艺术论［M］. 长春：东北师范大学出版社，2018.

[14] 郭世德，宋鹏瑶，杨桂敏. 思想政治教育与职业素养［M］. 北京：经济日报出版社，2018.

［15］行连平．新媒体时代高校思想政治教育模式探究［M］．北京：九州出版社，2018．

［16］斯琴高娃．新媒体视角下的高校思想政治教育研究［M］．延吉：延边大学出版社，2019．

［17］蔡元元，刘娟娟．新媒体环境下思想政治过程教育研究［M］．北京：中国广播影视出版社，2018．

［18］赵志业．文化视野中的思想政治教育研究［M］．长春：吉林大学出版社，2018．

［19］陈慧文．浅析社会热点问题与高校思想政治教育［J］．新西部，2018（06）：133，132．

［20］陈雪华．新时代高校思想政治教育的现实性价值探究［J］．江西电力职业技术学院学报，2018，31（12）：136-138．

［21］崔春静．工匠精神培育与高职思政教育有效融合的路径探析［J］．才智，2020（02）：92．

［22］杨梦云．新时期加强高职院校思政教学的意义和对策分析［J］．轻纺工业与技术，2020，49（01）：130-131．

［23］杨于岑，张振．新媒体时代高职院校思想政治教育的实效性及提升策略［J］．中国职业技术教育，2020（05）：52-56．

［24］牛诗琳．工匠精神与高职院校思想政治教育的融合路径探讨［J］．花炮科技与市场，2020（01）：175．

［25］孟发兵．大数据时代高校思想政治教育创新思考［J］．科教导刊，2021（05）：81-83．

［26］赵昕．高校思想政治教育个性化学习研究［J］．宿州学院学报，2021，36（02）：6-8，50．

［27］王晓康．媒体融合环境下高校网络思想政治教育生态圈构建模式初探［J］．长江丛刊，2021（05）：175-176．

［28］张冬．社交网络对高校学生思想政治教育的影响和相应措施［J］．科幻画报，2021（02）：140，142．

［29］陈斌．高校思想政治教育融入大学生创新创业教育的路径探索［J］．创新创业理论研究与实践，2021，4（03）：86-88．

［30］李晓娜．红色文化融进高校思想政治教育的意义及实现路径［J］．才智，2021（05）：40-42．